SingLiesel

Über die Autorinnen:

Natali Mallek ist Dipl.-Sozialpädagogin und Gedächtnistrainerin (BVGT). Sie ist u.a. Gründerin und Hauptautorin der Internetseite „Mal-alt-werden.de“. Ihr Schwerpunkt liegt auf der Aktivierung und Beschäftigung von Senioren und Menschen mit Demenz.

Annika Schneider ist staatlich examinierte Ergotherapeutin. Ihr Schwerpunkt liegt in den Bereichen der Geriatrie und der Gerontopsychiatrie. Ihre Praxiserfahrungen sammelte sie in stationären Pflegeeinrichtungen, im Rahmen von ambulanten ergotherapeutischen Behandlungen sowie als Kursleitung und Dozentin im Bereich der Weiterbildung.

4. Auflage

Druck: FINIDR, s.r.o.
Printed in Czech Republic
Satz: Röser MEDIA GmbH & Co. KG, Karlsruhe
ISBN 978-3-944360-57-7

Grafiken: Shutterstock.com

Bewegungsgeschichten und Bewegungsgedichte

für ältere Menschen

Kurze Geschichten zum Mitmachen und Bewegen

INHALTSVERZEICHNIS

BEWEGUNGSGESCHICHTEN UND BEWEGUNGSGEDICHTE MIT NAMEN VON KÖRPERTEILEN 67

BEWEGUNGSGESCHICHTEN UND BEWEGUNGSGEDICHTE MIT SIGNALWÖRTERN 91

VORWORT

Geschichten und Gedichte, die mit Bewegungen untermalt werden, sind eine schöne Möglichkeit, in Schwung zu kommen. Besonders in der Arbeit mit Senioren und Menschen mit Demenz sind sie schon lange bewährt.

In dem vorliegenden Buch finden Sie 40 Geschichten und Gedichte, die alle für die Arbeit im Sitzen konzipiert wurden. Sie lassen sich in Sitzgymnastikrunden integrieren, können aber auch Abwechslung in andere Angebote für die Arbeit mit älteren Menschen bringen. Vor dem Einsatz der Bewegungsgeschichten müssen Sie sicherstellen, dass keine ärztlichen oder pflegerischen Einwände gegen bestimmte Bewegungen vorliegen. Bei der Arbeit mit pflegebedürftigen Senioren hat es sich in der Praxis bewährt, die Bewegungsgeschichten und Bewegungsgedichte auf Stühlen mit Armlehnen durchzuführen.

Jede Gruppe ist anders, und jeder Teilnehmer hat seine eigenen Bedürfnisse. Sie kennen Ihre Gruppe am besten. Lesen Sie die Geschichten und Gedichte einmal durch, bevor Sie sie einsetzen, und entscheiden Sie dann, ob sie zu ihren Teilnehmern passen. Die Bewegungsgedichte und Bewegungsgeschichten wurden in unterschiedlichen Schwierigkeitsstufen konzipiert, lassen sich aber auch an die Bedürfnisse Ihrer Teilnehmer anpassen.

Lesen Sie die Geschichten und Gedichte laut und lebhaft vor. Probieren Sie aus, ob Sie dabei die Signalwörter, die mit einer Bewegung verbunden sind, besonders betonen wollen oder ob Sie kleine Sprechpausen einlegen, um den Teilnehmern Zeit für die Bewegung zu lassen. Behalten Sie Ihre Gruppe im Auge, dann können Sie jederzeit auf deren Fähigkeiten und Bedürfnisse reagieren.

Wir wollen uns nun aber nicht weiter mit „Vorgeplänkel" aufhalten, sondern wünschen Ihnen einfach viel Spaß mit unseren Geschichten!

Natali Mallek und Annika Schneider

BEWEGUNGSGESCHICHTEN UND BEWEGUNGSGEDICHTE MIT TEXTUNTERMALENDEN BEWEGUNGEN

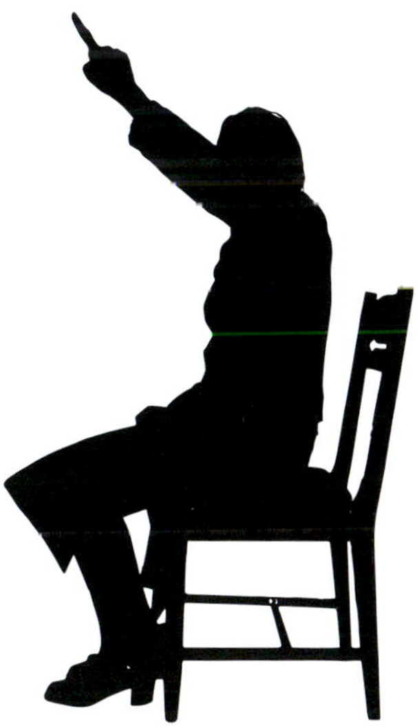

WARM MACHEN

Im sich wiederholenden Kehrvers des Gedichts werden erst die Arme und dann die Beine ausgestreckt. Bei den verschiedenen Strophen marschieren die Teilnehmer auf dem Platz.

Wir machen uns jetzt warm,
strecken uns're Arm',
strecken uns're Bein',
machen uns nicht klein!

Turnt ihr auch so gern?
Kommt von nah und fern!
Zusammen sind wir fit,
macht doch einfach mit!

Wir machen uns jetzt warm,
strecken uns're Arm',
strecken uns're Bein',
machen uns nicht klein!

Turnen macht uns Spaß,
wir geben richtig Gas,
wir kommen auch ins Schwitzen,
turnen wir im Sitzen.

Wir machen uns jetzt warm,
strecken uns're Arm',

strecken uns're Bein',
machen uns nicht klein!

Alle sind dabei,
laufen, 1-2-3,
zusamm' im selben Takt,
so sind wir in Kontakt.

Wir machen uns jetzt warm,
strecken uns're Arm',
strecken uns're Bein',
machen uns nicht klein!

So geht das Turnen los,
wir finden es grandios,
es werden langsam warm
die Beine und die Arm'.

Wir machen uns jetzt warm,
strecken uns're Arm',
strecken uns're Bein',
machen uns nicht klein!

Keiner bleibt zu Haus,
alle kommen raus.
Es wird hier nicht gehetzt,
doch warm, das sind wir jetzt.

DAS ERSTE TOR

In dieser Bewegungsgeschichte werden die farbig markierten Bewegungen imitiert. Die Hinweise in eckigen Klammern geben zusätzliche Hilfen. Sie werden nicht mit vorgelesen.

Kommen Zahlen im Text vor (eins, zwei ...; erste, zweite ...) halten die Teilnehmenden die entsprechende Anzahl an Fingern hoch.

Harald atmete einmal tief durch, nahm Anlauf und schoss den Ball mit seinem rechten Fuß ins Tor. „Toooor!“, riefen die Zuschauer auf der Tribüne und streckten die Arme in die Luft.

Harald konnte sein Glück kaum fassen. Da war er doch erst vor ein paar Wochen in die Fußballmannschaft gekommen, und nun schoss er sein erstes Tor schon in seinem ersten Einsatz als Stürmer – gleich zu Beginn der zweiten Halbzeit!

Von seinen Gefühlen überwältigt, sah er, wie seine Mannschaftskameraden auf ihn zurannten, um ihn zu umarmen. *[Die Arme um den eigenen Körper legen.]*

Doch der freudige Moment währte nicht lange. Das eigene Tor musste verteidigt werden. Harald und seine Kollegen rannten, was das Zeug hielt. Es gelang ihnen, dem Gegner den Ball mit gekonnten Bewegungen ihrer Füße abzunehmen und wieder in die gegnerische Hälfte zu schießen.

Ging doch einmal ein Ball durch die Abwehr, war Klaus, der Torwart, zur Stelle, der den Ball nicht nur einmal überragend mit seinen Händen hielt. *[Mit beiden Händen wie ein Torwart einen fiktiven Ball fangen.]*

Die Gegner schafften es in den restlichen Minuten der zweiten Halbzeit tatsächlich nicht mehr, ein Tor zu schießen.

Somit blieb es bei einem 2:1 für Haralds Mannschaft.

Harald, Klaus und all die anderen waren erleichtert, als sie endlich den Schlusspfiff hörten. Ihre Beine waren müde. Langsam gingen sie zum Spielfeldrand. Auf dem Weg dorthin schüttelten sie abwechselnd den linken und den rechten Fuß aus. Und auch die Arme lockerten sie, erst den rechten, dann den linken.

Am Spielfeldrand warteten kühle Getränke auf sie, die sie dankbar annahmen. Harald lehnte seinen Kopf zurück und trank sein Glas in wenigen Zügen aus. Das tat gut! Seine Mannschaftkameraden taten es ihm gleich.

Nachdem sie alle wieder ruhig atmen konnten, unterhielten sie sich über den Spielverlauf – und über die zwei Fehlentscheidungen des Schiedsrichters, die letztendlich zum Gegentor geführt hatten.

Harald bekam mehrere dankende Schulterklopfer für sein entscheidendes Tor. *[Sich selbst mit der rechten Hand auf die linke Schulter klopfen. In vertrauten Gruppen klopft jeder seinem rechten Nebenmann auf die linke Schulter.]*

Und alle waren sich einig, dass er im nächsten Spiel auf jeden Fall wieder dabei sein sollte.

So schön hatte er sich diesen Tag vorher gar nicht ausgemalt. Nachdem er sich unter der Dusche die Haare gewaschen *[fiktiv Shampoo in das Haar einmassieren]* und sich frisch gemacht hatte, trat er zusammen mit seiner Mannschaft nach draußen vor das Vereinsheim.

Alle wurden mit eifrigem Klatschen von ihren Familien empfangen. Und zur Feier des Tages gab es ein Grillfest mit Würstchen und Kartoffelsalat.

„Was für ein schöner Tag!“, dachte Harald, als er abends in seinem Bett lag. Vor dem Einschlafen betrachtete er lange das Poster seiner Lieblingsmannschaft, das neben seinem Bett hing. In dieser Nacht träumte er davon, ein großer Fußballstar zu sein …

Im Schuhplattlerverein

Bei den verschiedenen Strophen marschieren die Teilnehmer auf dem Platz.

Beim Kehrvers des Gedichts machen die Senioren folgende Bewegungen:

1. *Zeile: in die Hände klatschen*
2. *Zeile: auf die Schenkel klatschen*
3. *Zeile: überkreuz auf die Schenkel klatschen*
4. *Zeile: wieder normal auf die Schenkel klatschen*

Fitte Gruppen klatschen jeweils zweimal, andere nur einmal.

Um die Ecke kommt Karl eben,
kennt nur einen Zweck im Leben:
Tanzen will er jeden Tag,
weil er tanzen so gern mag!

Lasst uns in die Hände klatschen
und auf uns're Schenkel patschen.
Und wir sagen: Jeder kann das!
Einmal so rum, einmal anders!

Doch er tanzt nicht irgendwo,
nur in Bayern ist er froh,
weil er Schuhplattlern so liebt,
sich gern der Musik hingibt.

Lasst uns in die Hände klatschen
und auf uns're Schenkel patschen.
Und wir sagen: Jeder kann das!
Einmal so rum, einmal anders!

Sich zu Freunden dort gesellen,
sich dann 'ne Maß Bier bestellen,
zusammen schöne Lieder singen
und dabei das Tanzbein schwingen.

Lasst uns in die Hände klatschen
und auf uns're Schenkel patschen.
Und wir sagen: Jeder kann das!
Einmal so rum, einmal anders!

In München fühlt der Karl sich wohl,
aber auch in Südtirol.
Tanzen, klatschen ist sein Leben.
Wonach sollt' er sonst schon streben?

Lasst uns in die Hände klatschen
und auf uns're Schenkel patschen.
Und wir sagen: Jeder kann das!
Einmal so rum, einmal anders!

Auch ein schönes Hendl essen
und den Alltag ganz vergessen,
kann der Karl beim Tanzen gut.
Er trägt einen Seppelhut!

Lasst uns in die Hände klatschen
und auf uns're Schenkel patschen.
Und wir sagen: Jeder kann das!
Einmal so rum, einmal anders!

DER SONNTAGSSPAZIERGANG

Die farbig markierten Bewegungen in der Geschichte werden während des Vorlesens von den Teilnehmern imitiert. Handlungen wie z. B. „mit dem Löffel in der Kaffeetasse rühren“ werden pantomimisch dargestellt.

Die Hinweise in eckigen Klammern geben zusätzliche Hilfen. Sie werden nicht mit vorgelesen.

Mathilde und Gerd sitzen noch am Frühstückstisch. Es ist Sonntag. Gerd rührt mit dem Löffel in seiner Kaffeetasse und schaut verträumt aus dem Wohnzimmerfenster. Mathilde verstreicht Butter auf ihrem frischen Brötchen.

Die beiden haben sich während des Frühstücks entschlossen, ihren Sonntagsspaziergang heute im Wald zu machen. Es ist schön draußen, die Sonne scheint von einem hellblauen Himmel herab, und die Wettervorhersage in der Tagesschau hat trockenes Wetter angesagt.

Nach dem Tischabräumen kramt Mathilde, wie so oft, in ihrer Handtasche, um nachzuschauen, ob sie alles Wichtige bei sich hat. Gerd zieht derweil seine Schuhe an und schnürt die Bänder fest zu einer Schleife. Mathilde zieht ihre Jacke an, macht sie aber nicht zu. Sie legt ihre Handtasche über die Schulter und nickt Gerd mit einem milden Lächeln zu. Das ist für ihn das Signal, dass es losgehen kann. Er setzt seinen Sonntagshut auf.

Mathilde geht schon die drei Stufen zum Vorgarten hinunter, während Gerd die Tür ins Schloss zieht und mit dem Schlüssel abschließt. Er dreht den Schlüssel dabei immer zweimal um. Gerd rückt seinen Hut zurecht, und nun lächelt er Mathilde an. Mit gleichmäßigen Schritten, guter Laune und in gemütlichem Tempo gehen die beiden los. Der Wald ist nicht weit weg von ihrem Haus.

Obwohl die Sonne scheint, wird es auf dem Weg zum Wald etwas kühler. Mathilde macht den Reißverschluss ihrer Jacke zu und zieht ihr Halstuch zurecht. Dann hakt sie sich bei Gerd unter. Beide atmen zweimal tief durch und genießen die frische Waldluft. Der Boden ist steiniger geworden, deshalb schauen sie des Öfteren nach unten auf den Weg, der vor ihnen liegt.

Als sie das Klopfen eines Spechtes hören, schauen sie neugierig erst nach rechts und dann nach links, um den kleinen Kerl ausfindig zu machen. Und tatsächlich, an einem Baum auf der rechten Seite des Waldwegs geht der Specht seinem Tagewerk nach. Mathilde und Gerd müssen sich ein wenig recken, um ihn sehen zu können. Gespannt beobachten sie ihn einige Minuten lang und setzen ihren Spaziergang dann fort. Mit gleichmäßigen

Schritten gehen sie weiter. Nur, wenn ein Stock oder ein dünner Ast auf dem Weg liegt, machen sie einen großen Schritt darüber hinweg, um nicht zu stolpern.

Auf einer Lichtung machen die beiden halt und setzen sich auf einen Baumstumpf. *[Kurz das Gesäß anheben.]* Mit der warmen Sonne im Rücken genießen sie den Ausblick in die Natur und unterhalten sich über die Ereignisse der letzten Woche. Nach einer Weile machen sie sich langsam und gemütlich wieder auf den Heimweg. Dieses Mal nimmt Mathilde Gerds Hand und hält sie bis zur Haustür fest. *[Beide Hände ineinanderlegen, bei vertrauten Gruppen können sich die Teilnehmenden auch im Kreis an die Hände nehmen.]*

An der Haustür angekommen, nimmt Gerd wie immer seinen Schlüssel aus der Hosentasche und schließt die Haustür auf. Mit einer liebevollen Geste bittet er seine Mathilde hinein. Sie hängt ihre Handtasche an die Garderobe, und beide ziehen ihre Jacken aus. In der Küche treffen sie sich wieder. Gerd liest wie gewohnt die Sonntagszeitung, und Mathilde bereitet das Essen vor. Es gibt Sauerbraten mit Klößen und Rotkohl.

LECKERER KUCHEN

Wenn die verschiedenen Strophen vorgelesen werden, marschieren die Teilnehmer auf der Stelle. Beim Kehrvers des Gedichts machen die Senioren folgende Bewegungen:

1. *Zeile: langsam in einer fiktiven Rührschüssel rühren*
2. *Zeile: schnell rühren*
3. *Zeile: wieder langsam rühren*
4. *Zeile: fiktiv ein Backblech in den Ofen schieben*

In der Spät und in der Frühe
macht die Elke sich viel Mühe:
Backt und rührt und macht und tut.
Und der Kuchen? Er wird gut!

Es kommt Milch und Mehl dabei,
dann schlägt sie so manches Ei.
Mit Zucker wird es, wie wir's lieben,
nun noch in den Ofen schieben.

Elke schaut nur selten fern,
dafür backt sie wirklich gern.
Wenn sie backt, komm'n aus der Küche
wunderbare Backgerüche.

Es kommt Milch und Mehl dabei,
dann schlägt sie so manches Ei.
Mit Zucker wird es, wie wir's lieben,
nun noch in den Ofen schieben.

Elke backt den besten Kuchen,
kommt jemand Elke mal besuchen,
kann er sich daran erfreuen,
wird das Kommen nicht bereuen.

Es kommt Milch und Mehl dabei,
dann schlägt sie so manches Ei.
Mit Zucker wird es, wie wir's lieben,
nun noch in den Ofen schieben.

Ist Elke einmal eingeladen,
kann Kuchen mitbringen nicht schaden.
Du bist ein gern geseh'ner Gast,
wenn du eine Gabe hast!

Es kommt Milch und Mehl dabei,
dann schlägt sie so manches Ei.
Mit Zucker wird es, wie wir's lieben,
nun noch in den Ofen schieben.

Mit Äpfeln, Kirschen oder Zimt:
Das Rezept, es passt, es stimmt!
Ob mit Schoko oder Mohn,
leck'rer Kuchen ist der Lohn.

Es kommt Milch und Mehl dabei,
dann schlägt sie so manches Ei.
Mit Zucker wird es, wie wir's lieben,
nun noch in den Ofen schieben.

KINDERGEBURTSTAG

In dieser Bewegungsgeschichte werden die farbig markierten Bewegungen von den Teilnehmern imitiert. Handlungen können pantomimisch dargestellt werden. Kommen Zahlen im Text vor, wird die entsprechende Anzahl an Fingern hoch gehalten.

Die Hinweise in eckigen Klammern geben zusätzliche Hilfen. Sie werden nicht mit vorgelesen.

Kindergeburtstag im Hause Sohns! Klein Ida wird heute fünf Jahre alt. Und sie hat sich, wie alle Mädchen in ihrer Kindergartengruppe, einen Prinzessinnengeburtstag gewünscht. Morgens früh um halb sechs läuft Klein Ida also polternd die Treppenstufen zum Wohnzimmer hinunter. Da die Wohnzimmertür abgeschlossen ist – und das aus gutem Grund – steigt sie die Treppen wieder hinauf und drückt die Türklinke zum Sohns'schen Elternschlafzimmer hinunter. Ihre Eltern schlafen noch tief und fest.

Doch nicht mehr lange. Ida hüpft in Papas und Mamas Bett herum *[beide Beine zusammen anheben; besonders fitte Gruppen können gleichzeitig die Arme in die Luft strecken]* …

… und klatscht laut in die Hände. Endlich wachen die Eltern auf. Obwohl sie noch sehr müde sind, wird Klein

Ida zuallererst feste gedrückt und geküsst. *[Die Arme um den Körper legen, dann einen Kuss mit der Hand in die Luft werfen.]*

Fünf Jahre – wie schnell doch die Zeit vergeht!

Doch Ida hat keine Zeit für langes Drücken und Küssen *[s.o.]*. Sie ist zu gespannt auf das, was auf ihrem Geburtstagstisch liegt. Nachdem ihre Eltern sich angezogen haben, geht es endlich nach unten. Sie steigen zu dritt die Treppenstufen hinab. Die Mutter dreht den Schlüssel in der Wohnzimmertür um und öffnet sie.

Ida kommt aus dem Staunen nicht mehr heraus. Für einige Sekunden bleibt ihr der Mund einfach offen stehen. Im ganzen Zimmer glitzert und funkelt es, und alles ist in Rosa eingehüllt. Die Mutter setzt ihr die Geburtstagskrone auf den Kopf. Zusammen singen die Eltern wie in jedem Jahr: „Zum Geburtstag viel Glück …". Dann pustet Ida ihre Geburtstagskerzen aus – alle auf einen Schlag! Die Eltern klatschen und schauen ihrer kleinen Ida, die jetzt wahrhaftig schon fünf Jahre alt ist, stolz und auch ein wenig wehmütig beim Geschenkeauspacken zu.

Nach dem gemeinsamen Frühstück mit rosafarbener Geburtstagstorte geht es für Klein Ida in den Kindergarten. An ihrem Geburtstag geht sie besonders gerne in den Kindergarten. Es wird viel zusammen gelacht, getanzt *[mit den Armen eine klassische Tanzhaltung einnehmen]*, und alle singen gemeinsam ein Geburtstagslied für Ida. Auch hier darf sie den ganzen Vormittag eine Geburtstagskrone auf dem Kopf tragen. *[Eine fiktive Krone auf dem Kopf zurechtrücken.]*

Wie eine richtige Prinzessin.

Die Kindergeburtstagsfeier am Nachmittag hält alle ganz schön auf Trab. Vier Kinder kommen zu Besuch, zusammen mit Ida sind es fünf. Die Mädchen haben sich als Prinzessinnen mit langen Schleppen verkleidet. *[Nach hinten schauen und eine fiktive Schleppe bewundern.]*

Die zwei Jungs, die gekommen sind, haben sich als edle Ritter mit Kettenhemd verkleidet. Die Kinder haben viel Spaß. Unentwegt laufen sie hin und her. Beim Topfschlagen und Blindekuhspielen sind alle ganz gespannt und freuen sich, wenn sie kleine Schokoladenmünzen geschenkt bekommen. Nur beim Kuchenessen, da ist für ein paar Minuten alles still …

Am Abend sitzt Klein Ida ganz glücklich vor dem Puppenhaus, das sie geschenkt bekommen hat, und spielt mit ihrem neuen Spielzeug. Mutter und Vater Sohns sind fix und fertig und liegen mit von sich gestreckten Armen und Beinen auf dem Sofa. Sie sind glücklich, dass ihre kleine Ida, die ja nun nicht mehr ganz so klein ist, einen so schönen Geburtstag hatte. Später steigen sie langsam und gemütlich gemeinsam die Treppe hinauf …

AUTO FAHREN

In dem Kehrvers des Bewegungsgedichts lehnen die Teilnehmer sich abwechselnd nach links und nach rechts, wenn das jeweilige Wort genannt wird. (Falls Bedenken wegen der Sicherheit bestehen, verwenden Sie Stühle mit Armlehnen.)

Zu Fuß geht Gustav wohl fast nie,
tut er es, dann schmerzt das Knie.
Drum ist der Gustav wirklich froh:
Im Hof, da steht zum Glück sein Auto.

Erst mal fährt er links herum,
rechts die Kurve mit viel Schwung,
dann nach links, dort steht ein Zeichen,
schnell nach rechts, er muss ausweichen!

Will er morgens Brötchen kaufen,
kommt er nicht darauf, zu laufen.
Er fährt lieber mit dem Wagen,
auch morgens schon mit leerem Magen.

Erst mal fährt er links herum,
rechts die Kurve mit viel Schwung,
dann nach links, dort steht ein Zeichen,
schnell nach rechts, er muss ausweichen!

Will der Gustav mal hinaus,
ist es ihm zu trist im Haus,

geht er niemals in den Wald;
er mag es, wenn der Motor schallt!

Erst mal fährt er links herum,
rechts die Kurve mit viel Schwung,
dann nach links, dort steht ein Zeichen,
schnell nach rechts, er muss ausweichen!

Sein Auto ist sein liebstes Kind,
er fährt gerne sehr geschwind.
Ist alles frei, dann gibt er Gas,
schnell zu fahren macht ihm Spaß.

Erst mal fährt er links herum,
rechts die Kurve mit viel Schwung,
dann nach links, dort steht ein Zeichen,
schnell nach rechts, er muss ausweichen!

Gustav pflegt sein Auto gut,
damit es seinen Dienst lang tut.
Der Gustav fährt sehr gerne
auch mal in die Ferne.

Erst mal fährt er links herum,
rechts die Kurve mit viel Schwung,
dann nach links, dort steht ein Zeichen,
schnell nach rechts, er muss ausweichen!

APFELERNTE

In dieser Bewegungsgeschichte werden die farbig markierten Bewegungen imitiert. Handlungen wie z. B. „eine Schüssel aus dem Schrank nehmen" werden pantomimisch dargestellt.

In der Geschichte wird auch mit Bewegungsrichtungen gearbeitet. D. h. die Teilnehmer werden angeleitet, sich (wenn möglich) zu bücken, zu recken, nach links oder rechts zu bewegen. Dabei dürfen alle natürlich auf ihren Stühlen sitzen bleiben.

Kommen Zahlen im Text vor, wird die entsprechende Anzahl an Fingern hoch gehalten.

Die Anweisungen in eckigen Klammern sind Bewegungsvorschläge und werden nicht mit vorgelesen.

Klara blickte aus dem Fenster und betrachtete den Apfelbaum, der in ihrem Garten stand. *[Die Arme verschränken und aus einem fiktiven Fenster schauen.]*

So reich an Äpfeln war er schon viele Jahre nicht mehr gewesen. In Gedanken stellte sie sich vor, was sie und ihr Mann Paul alles aus den Äpfeln machen würden …
[Finger an die Schläfen halten.]

Kuchen, Gelee, Wein, Apfelmus – und im Winter leckere Bratäpfel. Den Wein setzte Paul immer an. Klara hatte es nicht so mit Alkohol. *[Den Kopf schütteln.]*

Sie rührte lieber leckeren Kuchen und Apfelmus für die Enkelkinder.

Am nächsten Morgen kletterte Paul auf seine Leiter, um die Äpfel zu pflücken. Die Söhne Bernd und Stefan halfen ihm dabei. Wenn Paul auf der Leiter stand und die Äpfel pflückte, die über seinem Kopf hingen, konnte Klara nie gut zusehen. Sie machte sich immer Sorgen, dass er sich verletzen könnte. Deshalb blieb sie am Tag der Apfelernte immer in der Küche und bereitete das große Apfelkuchen-Backen vor.

Die Enkelkinder sprangen fröhlich durchs Haus *[Arme nach oben ausstrecken und die Knie abwechselnd anheben]*, die Sonne schien, und im Radio lief Klaras Lieblingsmusik. Klara saß auf ihrer Küchenbank und schunkelte vergnügt dazu.

Nun aber an die Arbeit! Klara holte die Schüssel für den Kuchenteig aus der untersten Schublade und stellte sie auf die Arbeitsplatte. Aus dem Schrank über sich nahm sie das Paket Mehl, den Zucker und das Salztöpfchen. Sie schloss die Schranktür und öffnete eine Tür weiter links. Dort stand die Butter. Aus der Backschublade nahm sie ein Päckchen Backpulver und den Vanillezucker.

Sie ging ins Wohnzimmer und schaute nach den Enkeln. Die vier spielten eine Partie Mensch-ärgere-dich-nicht und tranken den Apfelsaft aus den Äpfeln vom letzten Jahr. Klara holte ihnen noch ein paar Kekse aus der Dose im Wohnzimmerschrank und legte sie einzeln auf einen Teller.

Dann schaute sie nach draußen in den Garten zum Apfelbaum. Die Männer waren fleißig gewesen. Drei Körbe waren schon voll mit Äpfeln. Sie öffnete die Terrassentür, ging hinaus und legte ein paar Äpfel in ihre Schürze. Dann ging sie wieder ins Haus, schloss die Tür und legte die Äpfel auf den Küchentisch. Klara nahm sich ein Schälmesser aus der Besteckschublade, einen Teller aus dem Schrank, eine Schüssel vom oberen Regalbrett und setzte sich auf den Küchenstuhl *[Gesäß kurz anheben]*. Sie schälte die Äpfel. Klara brachte es fertig, einen Apfel so zu schälen, dass die Schale an einem Stück blieb. Sie schnitt die Äpfel in der Mitte durch, viertelte sie und entfernte behutsam das Kerngehäuse. Schließlich sollte nichts von den guten Äpfeln verloren gehen. Und sie konnte einfach nicht widerstehen: Sie musste probieren. Während

Klara die Äpfel in gleichmäßige Scheiben schnitt, kostete sie hin und wieder ein Scheibchen. Es schmeckte so gut! Lächelnd schaute sie gen Himmel und genoss jeden Bissen. Die fertigen Apfelscheibchen beträufelte sie mit etwas Zitronensaft und stellte die Schüssel an die Seite.

Klara wog die Butter ab und gab Zucker dazu. Sie schlug drei Eier auf und gab sie zu dem Zucker-Butter-Gemisch. Dann verquirlte sie alles kräftig. Nachdem sie die restlichen Zutaten dazugegeben hatte, knetete sie den Teig durch und stellte ihn in einer Schüssel in den Kühlschrank. *[Eine fiktive Kühlschranktür öffnen, etwas hineinstellen, und die Tür wieder schließen.]*

„Das wird einen herrlichen Kuchen geben", dachte sie sich. Klara ging wieder ins Wohnzimmer zu ihren Enkelkindern. Bei ihnen saßen jetzt auch Paul, Bernd und Stefan, die gerade eine Pause vom Äpfelpflücken machten. Jeder von ihnen hatte einen Apfel in der Hand und aß ihn genüsslich. In ihren Gesichtern sah Klara, wie gut es allen schmeckte.

Für Klara war die Apfelernte neben dem Weihnachtsfest die schönste Zeit im Jahr. Sie stellte sich vor, wie sie nachher den frischen Kuchen aus dem Ofen nehmen würde und wie sie alle morgen an der langen Kaffeetafel zusammensitzen und klönen würden. Es war schön, dass sie eine so große Familie hatte …

TANZSTUNDE

In dieser Bewegungsgeschichte werden die farbig markierten Bewegungen, wenn nicht anders beschrieben, von den Teilnehmern imitiert. Bewegungsvorschläge, die in eckige Klammern gesetzt sind, werden nicht mit vorgelesen. Kommen Zahlen im Text vor, halten alle Teilnehmenden die entsprechende Anzahl an Fingern in die Luft. Handlungen werden ganz einfach pantomimisch dargestellt.

Rosa und Heinz nahmen ihre Tanzhaltung ein. Sie schauten sich einen kurzen Moment lang in die Augen und lauschten den ersten Takten der Musik. *[Die rechte Hand hinter das rechte Ohr halten und „lauschen".]*

Sie liebten diesen Tango!

Die beiden gingen jeden Sonntagabend zur Tanzstunde. Und das nun schon seit mehr als 45 Jahren. Jedes Mal, wenn Rosa diesen Tango hörte, fühlte sie sich an den Abend zurückversetzt, an dem Heinz und sie sich kennengelernt hatten. Es war in genau dieser Tanzschule. *[Auf einen Punkt auf dem Boden zeigen.]*

Rosa weiß noch ganz genau, wie Heinz an diesem Abend mit seinem roten Auto vor der Tanzschule vorfuhr. Er parkte so galant, lenkte einmal nach links, legte den Rückwärtsgang ein, lenkte nach rechts, fuhr ein kleines

Stückchen rückwärts, lenkte wieder nach links, fuhr noch ein Stück rückwärts und stand da wie eine Eins! Und das, obwohl er erst ein paar Tage zuvor den Führerschein gemacht hatte. Das hatte er ihr später an diesem Abend erzählt.

Der Tango nahm nun Fahrt auf. Ihre Schritte waren perfekt im Takt. Rosas schwarze Tanzschuhe glitten über das Parkett – rück, rück, Wie-ge-schritt, vor, seit,ran. *[Tanz-Schritte im Sitzen nachahmen.]*

Heinz wirbelte sie hin und her, und immer wieder drehte Rosa ihren Kopf nach rechts und links, und wieder nach rechts.

Genau das war es, was sie schon bei ihrer ersten Begegnung an ihm faszinierte: seine Bestimmtheit, die gleichzeitig Führung und Begleitung war. Rosa fühlte sich von Beginn an einfach wohl in seinen Armen. *[Die Arme um den Körper legen.]*

An dem Abend, an dem sie sich kennengelernt hatten, waren sie getrennt unterwegs gewesen. Sie kannten sich bis dahin nicht, obwohl beide einen Tanzkurs belegten. Rosa war mit fünf Freundinnen zusammen, und Heinz traf sich mit drei seiner Schulkameraden. Nachdem Rosa Heinz das erste Mal in seinem Auto gesehen hatte, ging er ihr nicht mehr aus dem Kopf. *[Den Kopf schütteln.]*

Sie war den ganzen Abend damit beschäftigt zu schauen, wo Heinz war und was er tat. *[Die Hände schützend über die Augen halten und umherblicken.]*

Als es spät wurde und sie schon fast nach Hause gehen wollten, spürte Rosa mit einem Mal eine Berührung an ihrer rechten Schulter. *[Die linke Hand auf die eigene rechte Schulter legen. In vertrauten Gruppen können die Teilnehmenden ihre linke Hand auf die rechte Schulter ihres rechten Nachbarn legen.]*

Sie drehte sich um und – es war Heinz: Heinz, der sie zum Tanzen aufforderte. Und da begann er: ihr erster Tango, ihr erster gemeinsamer Tanz überhaupt.

Schnell wurden sie ein Paar. Sie heirateten, bekamen vier Kinder und sind heute sogar schon Großeltern von fünf Enkelkindern. Viel hat sich in der Zeit nach ihrem Kennenlernen verändert. Sie haben viele wunderbare Dinge und Geschichten erlebt und leider auch einige traurige Momente. Was aber über die Jahre hinweg blieb, war das Tanzen *[Tanzhaltung einnehmen]* – und die Erinnerungen an ihren ersten Tango …

Heute waren sie nach dem Tanzen mit Freunden zum Essen verabredet. Rosa und Heinz tanzten noch ein paar Schritte und ließen sich dann glücklich auf die

Stühle fallen. *[Das Gesäß kurz anheben.]*

Sie zogen ihre Tanzschuhe aus und die Straßenschuhe wieder an. Sie packten die Tanzschuhe in eine Tasche und zogen ihre Mäntel an. Mit einer eleganten Bewegung half Heinz Rosa in ihren Mantel. Heinz nahm die Tasche über die rechte Schulter und reichte Rosa seine linke Hand.

In Gedanken an früher und in Vorfreude auf das Treffen mit ihren Freunden gingen sie hinaus. Am nächsten Sonntag würden sie wiederkommen …

BEWEGUNGSGESCHICHTEN UND BEWEGUNGSGEDICHTE MIT TÜCHERN

Für die Bewegungsgeschichten und Bewegungsgedichte mit Tüchern benötigen Sie pro Teilnehmer je ein Tuch in den angegebenen Farben. Hat man nicht alle Farben zur Hand, sind Servietten eine gleichwertige Alternative. Die Teilnehmer sollen die Tücher oder Servietten hochhalten, wenn ein Signalwort genannt wird. Signalwörter sind hier z. B. die genannten Farben der Tücher. Als Hilfe für den Vorlesenden sind die Signalwörter im Text farbig markiert.

Die Schwierigkeitsstufen der Geschichten und Gedichte in diesem Kapitel sind verschieden. Somit eignen sich die Texte sowohl für „fittere“ Senioren als auch für ältere Menschen mit physischen oder kognitiven Einschränkungen.

HIER EIN GROBER LEITFADEN:

Stufe 1: Jeder bekommt ein Tuch in passender Farbe. Das Signalwort entspricht der Tuchfarbe.

Stufe 2: Jeder Teilnehmer hat zwei Tücher in unterschiedlichen Farben in den Händen. Für jedes Tuch wird ein Signalwort festgelegt. Wird beim Vorlesen eines der Signalwörter genannt, hebt der Teilnehmer die Hand mit dem passenden Tuch.

Stufe 3: Als Steigerung zu Stufe 2 wird zusätzlich ein drittes Signalwort festgelegt, bei dem beide Tücher gleichzeitig hochgehalten werden.

Stufe 4: Es werden Tuchfarben für Oberbegriffe und die dazugehörigen Unterbegriffe festgelegt, zum Beispiel: Rot für Obst als Oberbegriff und für Obstsorten wie Himbeeren, Brombeeren, Birne, Apfel etc. als Unterbegriffe. Oder Grün für Gemüse als Oberbegriff und für Gemüsesorten wie Broccoli, Karotten, Auberginen etc. als Unterbegriffe. Im Text werden sowohl die Oberbegriffe als auch die dazugehörigen Unterbegriffe genannt. Die Teilnehmer sollen die Begriffe richtig einordnen und das Tuch in der passenden Farbe hochhalten.

Alle Bewegungsgeschichten und Bewegungsgedichte können ganz leicht an die Fähigkeiten der Teilnehmenden angepasst werden, indem beispielsweise das dritte Signalwort weggelassen oder auch nur mit einer Tuchfarbe gearbeitet wird.

DAS SCHWARZE SCHAF

Tuchfarbe: schwarz
Signalwort: „schwarz"

Inge, hoch in Deutschlands Norden,
beim Warten schon fast schwarz geworden,
wollte lange schon ein Kind,
doch es klappte nicht geschwind.

Hat es dann doch noch vollbracht,
bekommt in einer schwarzen Nacht
ein Kind, den Peter, süß und klein,
kein schwarzer Peter soll es sein!

Seht, hier steht es schwarz auf weiß,
dass er Peter Maier heißt.
Eingeladen sind nun alle,
dass man ihn tauft mit einem Schwalle.

Aus dem Schwarzwald und aus Franken
kommen all die Anverwandten.
Gegessen wird Schwarzwälder-Kirsch
und ein Braten von 'nem Hirsch.

Dann sieht die Tante Ann den Neffen
und kann glatt ins Schwarze treffen
mit einem Büchlein, nicht zum Malen,
nein, einem Buch mit schwarzen Zahlen.

Ein Sparbuch, das ist ihr Geschenk:
„Es zeigt dir, dass ich an dich denk'!"
Mit einer weichen weißen Tatze,
bringt Onkel Paul 'ne schwarze Katze.

Da ärgert sich die Inge schwarz,
sagt: „Paul, fahr wieder in den Harz!
Wie kann man nur so wenig denken,
ein echtes, schwarzes Tier verschenken!"

Paul sagt: „Jetzt sieh mal nicht gleich schwarz,
zudem wohn' ich doch nicht im Harz,
ich wohne doch im schwarzen Wald,
ich geh jetzt mal und sag bis bald!"

Peter schläft, er ist noch klein,
sein Herz nicht schwarz, es ist noch rein.
Er verpasst den ganzen Streit,
doch wird er größer mit der Zeit.
Ist er auch nicht immer brav,
doch sicher auch kein schwarzes Schaf.

FRÜHLINGSERWACHEN

Tuchfarben: grün, gelb
Signalwörter: „grün", „gelb",
„Frühling" (beide Tücher hochhalten)

Als ich letzte Woche in meinem Garten war, spürte ich ganz deutlich, dass endlich der Frühling kommen würde. Der grüne Rasen roch viel frischer als in den Tagen zuvor, und ich konnte ganz deutlich erkennen, dass sich die ersten Gänseblümchen ihren Weg in die Freiheit bahnten. Der kleine gelbe Punkt in der Gänseblümchenblüte war ein richtiger Farbtupfer in der sonst noch farblosen Umgebung. Auch die Luft wurde wärmer. Die gelben Sonnenstrahlen machten die Welt heller und freundlicher, und auch das grüne Gras leuchtete viel kraftvoller.

Und wahrhaftig – als ich gestern in den Garten ging, konnte ich ein Frühlingserwachen beobachten, wie es im Buche steht. Dabei stand auf dem Kalender noch gar kein Frühlingsanfang! Doch trotzdem zeigten sich bereits die ersten weißen, blauen, gelben und lilafarbenen Blüten der Frühblüher. Viele trugen gewiss noch grüne Knospen, aber bei einigen konnte man die Blütenfarbe schon deutlich erkennen. Ich spürte, wie sehr sie sich nach dem hellen, warmen Licht der gelben Sonnenstrahlen sehnten.

Auf den Zweigen unserer Buche hinten links im Garten flitzten auch schon Frühlingsboten hin und her: Fröhlich, keck und mit neuer Kraft spielten dort drei Eichhörnchen. Und ihnen war deutlich anzusehen, dass auch sie sich nach frischem Grün und wärmerer Luft sehnten. Ich blieb einige Minuten ruhig stehen und beobachtete das Treiben. Als ich sie nicht mehr sehen konnte, beschloss ich, eine Runde durch den nun immer grüner werdenden Garten zu machen. Ich fand eine Christrose, die schon in voller Blüte stand. Ihr Blütenstempel leuchtete in einem warmen Gelbton. Und auch die Schneeglöckchen daneben blühten schon. Sie hatten es geschafft, sich den Weg durch den harten Winterboden zu bahnen.

Ich musste ein wenig lächeln. Ich freute mich, dass diese kleinen Pflänzchen es geschafft hatten, denn sie waren nun mal ein Zeichen des Frühlings. Und ich mag den Frühling! Auf meiner Runde durch den Garten begegneten mir noch mehr Frühlingsboten. Ich vernahm Vogelstimmen – erst nur vereinzelt, ein wenig später schien es aber, als würde sich ein Gespräch zwischen zwei gefiederten Gesellen entwickeln. Da kamen doch wohl nicht schon die ersten Frühlingsgefühle auf?

Na, wie heißt es so schön: Wo die Liebe hinfällt …! Ich habe meinen Schatz ja auch im Frühling kennen gelernt, und wir wurden bestimmt auch von den Frühlingsgefühlen angestupst. Seitdem wir uns nun kennen und lieben, feiern wir in jedem neuen Frühling auf's Neue unsere Liebe. Ich erinnere mich noch ganz genau an den ersten Frühlingsblumenstrauß, den ich damals bekommen habe. Er war ein Traum in Gelb. Ich glaube, auch deshalb wachsen in unserem Garten so viele gelbe Frühlingsblumen. Neben Gelbstern, Winteriris und Huflattich stehen Krokusse mit gelben Blüten in unseren Beeten. An unserem Hochzeitstag, der natürlich auch im Frühling ist, bekomme ich immer einen wunderschönen Blumenstrauß in Gelb und Grün.

Ich schwelgte einige Minuten in den Erinnerungen an die vergangenen Jahre, bis ich durch einen Vogel, der vor mir auf dem grünen Rasen landete, mit meinen Gedanken wieder ins Hier und Jetzt geholt wurde. Noch einmal lächelte ich, atmete tief durch und spürte, wie der Duft des Frühlings bis in die Finger- und Zehenspitzen hinein meinen ganzen Körper durchdrang. „Ja, er ist es!“, dachte ich in diesem Moment. Der Frühling war nun endlich da …

Liebeskummer

Tuchfarbe: rot
Signalwort: „rot“

Karin Rot ist tief betrübt,
sie war doch so schön verliebt.
Verloren scheint das ganze Glück,
ihr Traumprinz kommt nicht mehr zurück.

Er hat ihr stets Respekt gezollt,
den roten Teppich ausgerollt.
Ihr rote Rosen mitgebracht
und jedes Kompliment gemacht.

Ein Märchenprinz mit rotem Haar.
Die Liebe hielt schon fast ein Jahr!
Doch ’ne andre hat er nun,
’ne Jüngere. Was ist zu tun?

Vom Weinen sind die Augen rot,
die Liebe weg, nix mehr im Lot.
Karin Rot ist jetzt allein,
wollte das doch nie mehr sein.

Doch sie hat ’nen starken Willen,
schmeißt weg die rosa-roten Brillen,
denn sie sieht den roten Faden:
Immer hat nur sie den Schaden.

Doch jetzt denkt sie: „Freundchen, warte!
Ich zeig' dir die rote Karte!
Du kriegst 'nen Satz mit roten Ohren,
du hast mich nun ganz verloren!

Du warst zwar vielleicht etwas schneller,
doch kriegst du keinen roten Heller."
Sie geht zu ihrem Kleiderschrank
und findet dort auch, Gott sei Dank,

ganz schnell das kurze rote Kleid,
für dieses ist nun reif die Zeit.
Rot werden auch noch Karins Lippen,
sie weiß, so muss sie nur noch schnippen:

Dann kommt ein hübscher junger Mann,
mit dem sie Walzer tanzen kann.
Sie spürt den Takt im roten Blut,
freut sich über ihren Mut.

Denkt sich: „Gut gemacht, Frau Rot!
Der Liebeskummer hat Verbot!"

MARKTBESUCH

Tuchfarben: rot, grün
Signalwörter: „Obst“ oder Namen von Obstsorten: rotes Tuch
„Gemüse“ oder Namen von Gemüsesorten: grünes Tuch
„Markt“: beide Tücher gleichzeitig

Marie geht jeden Mittwoch und jeden Samstag auf den Wochenmarkt. Sie mag die vielen Farben und den Duft von frischem Obst. Und so macht sie sich auch an diesem Samstag auf den Weg zum Markt in der Innenstadt. Marie wohnt nicht weit weg vom Marktplatz, und so ist es für sie ein Leichtes, den Korb mit den Einkäufen nach Hause zu tragen. Auf dem Einkaufszettel stehen heute Kohlrabi, Äpfel, Bananen, Brokkoli, Weintrauben, Gurke, Radieschen und Himbeeren. Außerdem braucht Marie Suppengemüse für ihre Erbsensuppe.

Da es samstags immer ein wenig voller auf dem Markt ist, geht sie früh los – direkt nach dem Frühstück. Horst hatte heute Morgen frische Hörnchen besorgt, die sie mit selbst gemachter Erdbeermarmelade gegessen haben. Dazu eine Tasse frisch gebrühten Kaffee – es war einfach ein herrliches Frühstück!

Wenn Marie auf den Markt geht, räumt Horst meist Sachen in seiner Garage hin und her. Die beiden sehen sich dann oft erst zum Mittagessen wieder. Die Erbsen für die Erbsensuppe heute Mittag hat Marie schon eingeweicht. Eine frische Mettwurst liegt bereits im Kühlschrank.

Schon in der Seitenstraße, die zum Marktplatz führt, duftet es nach erntefrischem Obst. Marie ist dieser Duft nach Äpfeln, Bananen, Pfirsichen, Birnen und allem, was es dort sonst noch gibt, seit Langem vertraut. Schon als Kind ging sie einmal in der Woche mit ihrer Mama oder ihrer Oma auf den Markt, um dort Obst und Gemüse einzukaufen. Manchmal bekam sie eine Waffel vom Waffelstand. Der Waffelstand hatte seinen Platz ganz hinten auf dem Marktplatz. Und bei jedem Besuch hoffte sie inständig, dass Mama oder Oma mit ihr dorthin gehen würden. Eine heiße Waffel vom Waffelstand war wirklich das Leckerste, was es damals gab!

Während Marie noch an die heißen Waffeln von früher denkt, ist sie auch schon am Gemüsestand angekommen. Sie sucht sich einen Kopf Brokkoli aus, entscheidet sich für eine große Knolle Kohlrabi und nimmt ein Bund Radieschen und eine Gurke mit – so, wie es auf ihrem Einkaufszettel für den Marktbesuch steht. Für den Weg bekommt sie ein Stück süße Paprika zum Probieren geschenkt, die ist wirklich sehr lecker.

Der Obststand ist direkt neben dem Gemüsestand. Sehr groß ist der Wochenmarkt nicht – Marie wohnt in einer Kleinstadt. Aber es gibt alles, was man braucht, und die

Waren sind durchweg frisch. Marie legt Äpfel, zwei Bananen, Weintrauben und eine Schale frische Himbeeren in ihren Korb und bezahlt das Obst. Sie unterhält sich noch kurz mit dem Obsthändler, geht eine Runde über den Marktplatz und macht sich dann auf den Heimweg. Als sie am Blumenstand vorbeikommt, bemerkt sie plötzlich, dass sie das Suppengemüse für die Erbsensuppe vergessen hat. Zum Glück ist es ihr rechtzeitig eingefallen! Marie geht noch einmal zurück zum Gemüsestand und kauft frisches Suppengemüse. Das Bund passt gerade noch so in den Korb. Sie geht noch einmal am Blumenstand vorbei. Einen Blumenstrauß vom Markt nimmt Marie immer gerne mit. Sie mag Blumen sehr, findet heute aber nicht das Richtige. Der Korb ist ja ohnehin schon voll.

Auf dem Rückweg vom Markt trifft sie noch eine Freundin, mit der sie sich kurz unterhält. Dann macht sie sich aber wirklich auf den Weg nach Hause, um die Erbsensuppe zu kochen. Als sie die Tür öffnet, traut sie ihren Augen nicht – auf dem Küchentisch steht ein wunderschöner Blumenstrauß …

Grünschnabel

Tuchfarben: blau, grün
Signalwörter: „blau“, „grün“

Die Irmi ruft: „Komm, schau!
Der Himmel ist so blau!“
„Das seh ich“, denkt der Abel,
„ich bin doch kein Grünschnabel!“

„Lass uns in Blaue fahren,
wo wir lang nicht mehr waren.“
„Ins Blaue fahren, meinst du, ja?
Wär Grün nicht eher wunderbar?“

Irmi rollt die Augen blau:
„Ob grün, ob blau – nimm’s nicht genau!
Einfach einmal weit hinaus,
wir denken uns was Schönes aus!“

Abel holt den grünen Wagen,
muss die blaue Tasche tragen.
Ein Picknick ist darin parat
mit Broten und mit grün’m Salat

Dann gibt die Irmi grünes Licht,
worauf das Paar zum Trip aufbricht.
Sie finden einen schönen Ort,
’nen Weg zum Wandern gibt es dort.

Mit blauen Zeichen gut markiert,
damit sich niemand hier verirrt.
Sie staunen viel im grünen Wald,
der Ruf der blauen Meise schallt.

Die grüne Wiese lädt sie ein,
dort essen sie ihr Picknick fein.
Der blaue Himmel zieht sich zu,
ein Gewitter kommt im Nu.

Irmi sagt: „Du grüne Neune!
Komm, da vorne steht 'ne Scheune."
Beide laufen schnell hinein,
zu dem blauen Trecker klein.

Abel sagt: „Was für ein GAU,
ich ärgere mich grün und blau!"
Irmi sagt: „Ach, komm und schau:
Der Himmel wird schon wieder blau.

Eigentlich ist es ein Segen,
grüne Pflanzen bringt der Regen."
Abel meint: „Ich will nach Haus!"
Drum ist die Fahrt ins Blaue aus!

BIER ODER WEIN - WAS DARF'S SEIN?

Tuchfarben: gelb, rot
Signalwörter: „Bier": gelbes Tuch
„Wein": rotes Tuch
„Getränke": beide Tücher gleichzeitig

Kennen Sie das auch? Bei den Vorbereitungen auf Geburtstags- oder sonstige Feierlichkeiten hat man sich endlich für ein Menü entschieden, da steht auch schon die Frage nach den passenden Getränken im Raum. Bier oder Wein, Bowle oder Sekt, Saft oder Wasser … so könnte ich noch viele weitere Getränke aufzählen. Im Grunde genommen trinkt doch meistens sowieso jeder das, was er am liebsten mag, egal, ob es Salzkartoffeln mit Wirsing und Bauchspeck oder Lachsforelle an Brokkoli mit Pasta gibt. Die einen trinken ein Glas Wein dazu, die anderen eine Flasche Bier und wieder andere einfach nur Wasser.

Trotzdem sollte man alle Getränke auf jeden Fall im Haus haben. Das hat mir früher schon meine Mutter beigebracht. Einfach nur, damit man nicht als schlechter Gastgeber dasteht und sich noch zehn Jahre später die Geschichte von jenem Abend anhören muss, als doch tatsächlich der Rotwein leer war. Oder der Sekt. Oder das Altbier. Oder das Weizenbier. Meine Schwägerin zum Beispiel: Meine Schwägerin Lisbeth, was soll ich sagen – ich schätze sie sehr. Wenn es allerdings um

Getränke geht, bringt sie mich regelmäßig auf die Palme.

Erst neulich feierte mein Mann Siegbert seinen 60. Geburtstag. Alles war gut organisiert, das Essen war reichlich und lecker gewesen, in unserem Keller standen gut gefüllte Weinkisten, es war genug Wasser da, wir hatten Pils eingekauft, Weizenbier, Altbier, ja sogar Dunkelbier. Es gab Erdbeerbowle, Orangensaft, Apfelsaft, Weinschorle und diese ganzen süßen, sauren und bitteren Schnäpse. Kurzum, in der Kneipe nebenan hätte man nicht mehr Getränke bekommen können.

Und nun kam Lisbeth.

Lisbeth trat bei der Frage, ob ich ihr noch Wein einschenken könnte, an mich heran und fragte, ob ich „Frauenbier" für sie hätte. „Frauenbier" kannte ich nicht, nahm aber an, es sei mal wieder ihr spezieller Kamillentee, den sie von Zeit zu Zeit trank und von dem ich natürlich immer etwas im Haus hatte. Aber ich lag falsch. Als Frauenbier bezeichnete sie Apfelschorle. Mir fiel ein Stein vom Herzen. Apfelschorle, also Frauenbier, hatte ich gewiss da. Doch meine Freude über die passenden Getränke sollte nur kurz andauern. Lisbeth trank nur Apfelschorle mit naturtrübem Apfelsaft, sie sagte, der andere stieße ihr „im Magen so auf".

Für einen kurzen Moment überlegte ich, ob ich ihr nicht Apfelwein hätte anbieten sollen mit der Empfehlung, dass sie dann vielleicht etwas bessere Laune bekäme. Ich entschied mich jedoch, eine nette Gastgeberin zu bleiben, schließlich war es ja auch Siegberts Geburtstag. Ich löste dieses Getränkeproblem, indem ich eine Nachbarin um eine Flasche naturtrüben Apfelsaft bat, Lisbeth ihr Frauenbier einschüttete und mir selbst einen der süßen Schnäpse genehmigte. Vielleicht waren es auch zwei. Oder drei …

Es wurde noch ein gelungener Abend, ich fand nach dem Dessert Gefallen an der Weinschorle. Dabei blieb ich dann, man soll ja schließlich nicht so viele Getränke gemischt trinken, vor allem nicht Bier und Wein. Oder wie ging das Sprichwort …?

Nun bin ich schon wieder bei den Vorbereitungen auf die nächste Feierlichkeit. Meine Enkelin wird in der kommenden Woche eingeschult. Glücklicherweise bin ich als Oma nur für das Torten- und Kuchenbacken zuständig. Die Qual der Wahl bezüglich der richtigen Getränke hat meine Tochter. Ob Bier oder Wein, Saft oder Wasser, Kaffee oder Tee – ich lass mich überraschen. Lisbeth ist in jedem Fall auch wieder dabei …

GRAUER ALLTAG

Tuchfarben: grau, weiß
Signalwörter: „grau“, „weiß“

Oskars Haare werden grau,
im Spiegel sieht er's ganz genau.
Dazwischen glänzt eins strahlend weiß!
Oskar fühlt sich wie ein Greis.

Der graue Alltag hält ihn fest,
der kaum mal Zeit für Freunde lässt.
Oskar geht zu seiner Frau,
die sagt: „Du siehst ja grau in grau!“

Es ist nicht alles schwarz und weiß.
Der Mensch, er hat nun mal Verschleiß!
Doch du siehst durch 'ne kleine Schleuse
höchstens einmal weiße Mäuse.

Bei Nacht sind alle Katzen grau,
doch schaust du tags mal ganz genau,
erkennst du, dass die vielen Jahre
mehr bringen als nur weiße Haare!

Anstrengend sind die jungen Jahre –
auch ohne all die grauen Haare.
Junge Menschen hör'n stets: „Warte!“,
sind weiße Flecken auf 'ner Karte.

Sie lernen graue Theorie,
doch Lebenszeit ersetzt die nie!
Anders als die jungen Leute
hast du viel Erfahrung heute!

Du hast, mein Freund, das ist das Beste,
meistens eine weiße Weste,
drum schläfst du auf dem weißen Kissen
nächtens ohne schlecht's Gewissen.

Sind andere im Streit verbissen,
kannst du die weiße Fahne hissen,
weil du als graue Eminenz,
wenn sich's nicht lohnt, es gleich erkennst!

Graue Vorzeit ist vergangen,
lass uns Seifenblasen fangen!
Wir können es uns doch erlauben,
zu turteln wie die weißen Tauben!

Grau zu sein ist doch kein Drama,
wir haben schließlich weißes Karma!“

Ein Besuch im Tierpark

Tuchfarben: blau, grün, gelb, rot, braun
Signalwörter: „blau", „grün", „gelb", „rot", „braun" und „bunt"

Diese Geschichte eignet sich auch für größere Gruppen. Jeder Teilnehmer bekommt ein Tuch in einer der angegebenen Farben. Wird eine der Farben in der Geschichte genannt, halten alle Teilnehmer, die ein Tuch dieser Farbe haben, das Tuch hoch.

Bei dem Signalwort „bunt" halten alle ihre Tücher hoch.

Hedi war gestern mit ihrer Enkelin Lotta im Tierpark. Lotta hatte extra ihr Lieblingskleid angezogen, es war rot mit weißen Tupfen. Ihren gelben Kindergartenrucksack auf den Schultern, tapste sie mit Oma Hedi durch den Eingang. Stolz zeigte Lotta dem Mann auf dem Hocker neben dem Tor ihre grün-blaue Eintrittskarte. Hedi hatte sie ihr extra in ihre kleine Hand gegeben.

Lottas hellblaue Augen leuchteten, ihre roten Wangen glühten. Lotta liebte es, in den Tierpark zu gehen. Die kleine Dame ging strikt ihres Weges und hielt erst bei den Pinguinen wieder an. Sie beobachtete genau, wie die Pinguine in ihrem grünen Becken hin und her schwammen und kleine Kunststücke machten, damit die Tierpflegerin ihnen noch mehr Fische zum Essen zuwarf. Lotta mochte die kleinen Pinguine in ihrem schwarz-weißen Frack. In Gedanken stellte sie sich vor, wie sie bunte Schleifen um den Hals trugen – gelbe, rote, grüne und blaue. Lotta stand noch ein paar Minuten an dem grünen Wasserbecken und machte sich dann mit Oma Hedi auf den Weg zu den Braunbären.

Die Braunbären schliefen, wie so oft, wenn Lotta sie im Zoo besuchte. „So müde kann man doch nicht sein!", sagte sie zu Oma Hedi. Hedi lächelte sie an und strich ihr über das Haar. „Nun ja, so ein Braunbär-Leben kann bestimmt anstrengend sein ...", sagte sie und fügte hinzu: „Komm, wir gehen weiter zu den Giraffen." Die großen gelben Giraffen mit den langen Hälsen und den braunen Flecken fand Lotta ebenso spannend wie die rot-grün-blau-gelben Papageien oder die hellbraunen Löwen mit ihrer dichten Mähne.

Später gingen sie noch an grauen Nashörnern und Elefanten vorbei, an bunten Fischen, deren Namen Lotta nie behalten konnte, an grünen Schlangen, an Schildkröten und an hellbraunen Erdmännchen. Die rosafarbenen Flamingos fand Lotta auch sehr schick.

Als Oma Hedi Lotta fragte, ob sie ein Eis essen wolle, machte Lotta Freudensprünge, sodass ihr rot-weiß gepunktetes Kleid nur so durch die Luft flatterte. Lotta mochte gerne Eis! Am kunterbunten Eisstand drückte sie sich ihre rote Nase an dem bunten Plakat platt. Welches Eis sollte sie dieses Mal nur nehmen? Das gelbe

Vanilleeis, das rote Erdbeereis, Blaubeereis oder grünes Pistazieneis? Oder doch lieber wieder braunes Schokoladeneis? Lotta entschied sich für hellgelbes Vanilleeis mit bunten Schokolinsen. Oma Hedi probierte das Blaubeereis mit Schlagsahne. Beiden schmeckte es vorzüglich!

Nach der kunterbunten Eis-Pause gingen sie weiter. Das Otterhaus war ihr nächstes Ziel. Die kleinen dunkelbraunen Zwergotter schwammen flink in ihrem Becken hin und her. Immer wieder gingen sie an Land, flitzten zwischen grünen Pflanzen und bunt schimmernden Kieselsteinen hindurch, um dann doch wieder in das blaue Wasser einzutauchen.

Nach einer Weile bemerkte Hedi, dass ihre kleine Lotta im rot-weiß gepunkteten Kleid ganz schön müde geworden war. Sie machten eine Pause auf einer braunen Holzbank und hatten freie Sicht auf das Affengehege. Lotta nahm einen Schluck aus ihrer Trinkflasche und beobachtete die rot-braunen Orang-Utans, wie sie durch grüne Büsche huschten und sich mit den Armen von einem braunen Ast zum anderen schwangen. Einer schälte gerade eine gelbe Banane, ein anderer spielte mit einem bunten Ball, und wieder ein anderer versteckte sich unter einem blauen Handtuch. Die beiden hätten ihnen noch stundenlang zusehen können, entschieden dann aber, sich langsam auf den Rückweg zu machen.

Auf dem Rückweg kamen sie noch einmal an den bunten Papageien vorbei, gingen am Käfig der hellbraunen Kängurus entlang, dem Löwengehege und dem Streichelzoo. Auch die Ziegen schienen schon etwas müde zu sein, sie hockten dicht beieinander auf ihren Felsen und schauten dem bunten Treiben außerhalb ihres Geheges zu.

„Was für ein schöner Tag …“, dachten beide und schlenderten ganz gemütlich unter dem bunten Schild am Ausgang hindurch nach Hause …

GOLDENE ZEITEN

Tuchfarbe: golden (ersatzweise gelb)
Signalwort: „Gold“, „golden“

Diese schöne Morgenstund'
hat mal wieder Gold im Mund.
Marie, sie singt mit voller Seele,
man sagt sie hat 'ne gold'ne Kehle.

Sie kriegt heut' noch hohen Besuch,
die Bluse ist aus gold'nem Tuch.
Von einem Herrn vom Opernhaus,
der sucht grad neue Sänger aus.

Sie will die Stelle ganz, nicht halb,
es ist für sie das gold'ne Kalb,
doch kommt der Herr verdrossen rein
und sagt: „Ich muss wohl ehrlich sein:

Drum teile ich Ihn'n heute mit:
Es war wohl nicht der Gold'ne Schnitt.
Ihr Stimmchen, gold, für uns sehr fein,
wird für das Werk zu teuer sein!“

Fast hätt' Marie auch noch ergänzt:
„Es ist nicht alles Gold, was glänzt!“
Doch nennt sie lieber eine Bitte:
„Nehm'n wir doch die gold'ne Mitte

Ich will ja keine gold’ne Nase,
doch platzt für mich grad’ eine Blase.
Lassen Sie mich für Sie singen,
Gold aus meinem Mund erklingen!

Sie soll’n mich nicht in Gold aufwiegen,
nur die Hälfte will ich kriegen!“
Der Herr muss nicht lang’ überlegen,
die Worte auf die Goldwaag’ legen.

„Meine Dame, hochverehrt,
jedes Gramm Gold sind Sie wert.
Goldig ist die Stimme fein,
Herrlich anzuhör’n, so rein!

Die gold’ne Brücke ist gebaut,
auf dass die Welt die Oper schaut.
Ich freu mich schon mit ganzer Seele
auf das Gold aus Ihrer Kehle!

Wir wollten eine so wie Sie,
Sie sind eine Goldmarie!“

WEIß- ODER BUNTWÄSCHE?

Tuchfarben: je ein weißes und ein mehrfarbiges Tuch pro Teilnehmer
Signalwörter: „weiß", „bunt"

Klaus hatte heute Wanderausflug und kam gegen acht Uhr wieder zu Hause an. Zum Abschluss des gemeinsamen Tages hatten er und seine Wanderbrüder im Gasthaus „Zum weißen Wolf" zu Abend gegessen: Sauerbraten mit Rotkohl und Klößen. Es war wie immer eine frische und ausgelassene Stimmung in der bunten Truppe. Sie hatten viel gesehen, einige Wanderlieder geschmettert und sich gut unterhalten.

Das Wetter war so lala – nicht bunt und nicht schwarz, die Wolken eher grau als weiß. Trotzdem war die Wandergesellschaft glücklicherweise nicht ein einziges Mal in den Regen gekommen. Als es einen Guss von oben gab, saßen sie gerade bei einer Tasse Kaffee in einem Lokal. Allerdings war der Boden nach dem Regen an einigen Stellen recht matschig.

Jetzt stand Klaus zu Hause im Flur und schaute an sich herunter. Die weißen Socken in seinen Wanderschuhen waren jetzt eher braun als weiß – über seine Schuhe müssen wir gar nicht reden! Was wohl Inge dazu sagen würde? Der Rotkohl und die Bratensoße vom Abendessen hatten ihr Bestes getan und aus dem weißen

Hemd ein buntes gemacht. Klaus wusste sowieso nicht, warum er unbedingt das weiße Hemd anziehen musste. Und das an seinem Wandertag. Inge hatte darauf bestanden: „Das weiße Hemd gehört nun mal zu der Hose dazu. Was willst du denn sonst anziehen, etwa das bunt karierte?“ Klaus hatte einen Moment gezögert, sich dann aber dafür entschieden, nicht zu antworten. Es war sicherlich besser gewesen, keine Diskussion zu beginnen.

Er schaute abermals an seinem – nun bunten – Hemd herunter und betrachtete den weißen Bund seiner Socken. Es half ja nichts! Er zog die Schuhe aus, die Socken und die Hose und ging ins Wohnzimmer. Inge war nicht da. Erst jetzt fiel Klaus ein, dass sie ja bei den Enkelkindern war, weil sein Sohn und seine Schwiegertochter ausgehen wollten.

Das war für ihn die Möglichkeit, seine bunt-weiße Wäsche schnell in die Waschtrommel zu legen und Inge den Anblick zu ersparen. Er nahm seine Sachen und ging in den Waschkeller. Ohne Hosen war es dort ganz schön frisch, bemerkte er, als er unten war. Nun stand er vor der weißen Waschmaschine und starrte auf die Trommel. Hätte man neben ihm gestanden, hätte man ein Staubkorn auf den Boden fallen hören. Er las die Aufschrift auf der Waschpulverpackung: „Für Buntes und Feines“ stand dort. „Für Weißes“ stand auf einer anderen Packung. Sein Blick senkte sich, und er betrachtete seine weiße, jedoch bunt befleckte Wäsche.

Dann schaute er abermals auf die Waschmittelpackungen.

Er blickte sich kurz um und bemerkte die weiße Wäsche, die auf der Leine hing. Sie war reinweiß. Nun musste eine Entscheidung her, schließlich hieß es doch: „Selbst ist der Mann!“ Es würde ihm doch wohl gelingen mögen, seine weiße Buntwäsche zu waschen. Oder war es doch bunte Weißwäsche …?

Als Klaus gerade seine Hand in Richtung Waschmittel ausstreckte, hörte er oben die Haustür ins Schloss fallen. Inge! Sie schickte der Himmel! Klaus ließ sowohl seine bunten als auch seine weißen Wäschestücke fallen und eilte die Treppen hinauf. Inge staunte nicht schlecht, als ihr Mann ohne Hosen vor ihr stand, und es fiel ihr schwer, sich das Lächeln zu verkneifen. Als Klaus anfing, ihr von seinem Dilemma zu erzählen, begriff sie sehr schnell, dass es an der Zeit war, sich gemeinsam um das bunt-weiße Wäscheproblem zu kümmern. Und während sie gemeinsam in den Keller gingen, erzählte sie ihm die Neuigkeiten von den Enkelkindern …

BEWEGUNGSGESCHICHTEN UND BEWEGUNGSGEDICHTE MIT NAMEN VON KÖRPERTEILEN

In diesem Kapitel sind die Signalwörter, zu denen Bewegungen ausgeführt werden sollen, die Namen unserer eigenen Körperteile.

Werden im Text bewegliche Körperteile, wie z. B. Füße, Beine, Arme, Hände, Schultern, Finger, Zehen, der Kopf, die Augen usw. genannt, bewegen die Teilnehmer diese Körperteile.

Auf die nicht beweglichen Körperteile wird mit dem rechten oder linken Zeigefinger gezeigt. Das sind z. B. die Ohren, der Bauch, der Rücken, die Brust, die Nase, die Haare, das Herz, der Hals usw.

Ist vom Gesäß die Rede, heben die Teilnehmer den Po kurz an. Ganz fitte Teilnehmer können auch einmal aufstehen und sich wieder setzen.

BEIM ARZT

Ich könnte über manches fluchen,
lasst es mich mal untersuchen!
Sind meine Füße wohl verwarzt?
Sagen tut es mir der Arzt!

Und er soll mir noch mehr sagen,
denn ich habe viele Fragen:
Wieso schmerzt mir oft der Nacken?
Warum meine Knie knacken?

Vielleicht sagt er mir ja auch
was über dieses Loch im Bauch.
Ärzte sind schlau und gerissen,
und ich möchte so viel wissen.

Wieso wird er dünn, mein Schopf?
Warum ist er schwer, mein Kopf?
Und ich weiß es nicht alleine,
warum hab ich dicke Beine?

Warum wird mir manchmal warm?
Warum schlenkert er, mein Arm?
Warum atmet meine Lunge?
Warum roll' ich mit der Zunge?

Lieber Arzt, ich komm zu Ihnen
mit der Straßenbahn auf Schienen,
setz' mich dann mit meinem Po
ins Wartezimmer, warte so.

Doch nach zwei Stunden ungefähr,
denkt mein Kopf: „Ich kann nicht mehr!
Sind meine Fragen wirklich wichtig?
Tickt bei mir noch alles richtig?"

Meine Beine stehen auf,
denn ich nehme nicht in Kauf,
dass ich so viel Zeit verschwende!
Es winken noch kurz meine Hände.

Der Arzt hat es mit mir verscherzt,
auch wenn mein Nacken manchmal schmerzt.
Ich werde so wohl nicht mehr froh,
sitz' ich nur auf meinem Po.

Wieder komm ich, ohne Dank,
erst, bin ich mal richtig krank.

DIE KREUZFAHRT

In unserem letzten Urlaub haben meine Füße tatsächlich das erste Mal ein Schiff betreten. Es war Sommer. Mein Mann Hans und ich standen mit den gepackten Koffern in unseren Händen vor dem großen Kreuzfahrtschiff und betrachteten es mit weit geöffneten Augen. Nein, das war nicht ganz richtig: *Ich* betrachtete es mit großen Augen, Hans runzelte die Stirn und schaute ein wenig argwöhnisch drein. Das, was da vor unserer Nase stand, hatte eine überwältigende Größe. Wie gesagt – wir fuhren das erste Mal mit einem Schiff.

Hans und ich setzten vorsichtig einen Fuß vor den anderen Fuß und gingen langsam auf das Schiff. Ich weiß noch ganz genau, dass ich das Schiff zuerst mit dem rechten Fuß betrat. Mit meiner rechten Hand hielt ich mich auf dem Weg zu unserer Kabine immer wieder am Geländer fest. Meine Unsicherheit währte allerdings nicht lange, und ich gewöhnte mich schnell an das Gehen auf dem Schiff. Die Einrichtung gefiel mir gut, und die Dekoration kam von Herzen – das spürte ich. Schnell vergaßen wir, dass unsere Hände und Füße sich auf einem Schiff befanden, es hätte auch gut ein Hotel sein können.

Als wir ablegten und ich das Gefühl hatte, den Boden unter den Füßen zu verlieren, war mir allerdings schnell wieder bewusst, dass wir nun tatsächlich unsere Kreuzfahrt angetreten hatten. Mein Magen drehte sich zwei- oder auch dreimal in meinem Bauch um, und ich musste mich mit meinem Gesäß erst einmal auf eine Bank an Deck setzen. Nach einiger Zeit beruhigte sich mein Bauch allerdings schon wieder, und meine Augen entdeckten den weiten Horizont in der Ferne. Ich beobachtete die Sonne, die sich im Meer spiegelte. Es war wunderschön! Ich lehnte mich zurück an die Rückenlehne, streckte meine Beine aus und legte meine Hände locker in den Schoß. Ja, so konnte ich es aushalten.

Bei Hans war das ganz anders. Sein Bauch kümmerte sich nicht um Seekrankheiten. Hans erkundete das Schiff mit Händen und Füßen und kam danach mit einem Glas Bier in der rechten Hand und einem Glas Wein in der linken Hand zu mir an Deck. Er setzte sich mit seinem Gesäß neben mich auf die Bank. Gemeinsam hielten wir die Nasen in den Wind und benetzten unsere Lippen mit den kalten Getränken. Die leichte Brise strich über unsere Wangen und unsere Ohren. Kalt war es nicht, trotzdem zog ich den Reißverschluss meiner Jacke etwas höher, um meinen Hals zu schützen. So verbrachten wir den ersten Abend auf dem Schiff.

Die Tage vergingen wie im Flug. Unsere Bäuche waren stets gut gefüllt. Unsere Beine konnten wir uns auf dem einen oder anderen Landspaziergang vertreten. Und des Abends wurde getanzt, bis uns die Knie wehtaten. Das Gefühl, im wahrsten Sinne des Wortes den Boden unter den Füßen zu verlieren, hatte ich nicht mehr, ich musste mich auch nicht mehr mit den Händen an der Reling festhalten. Und der Kaffee an Bord war wirklich ein Fest für die Zunge!

Alles in allem hatten wir eine schöne Zeit auf dem Kreuzfahrtschiff. Unsere Augen entdeckten viel Neues, spannende Düfte erreichten unsere Nase, und wir lernten viele nette Leute kennen.

Hans' Stirnrunzeln war auch schnell verflogen. Er fühlte sich pudelwohl! Als wir allerdings mit Haut und Haaren wieder sicher im heimischen Hafen ankamen, waren wir uns einig, dass der nächste Urlaub doch erst einmal wieder ein Wanderurlaub werden sollte …

Aufstehen am Morgen

Morgens lieg' ich still im Bett,
weil ich gerne Urlaub hätt'.
Meine Augen sind noch zu,
bitte lasst mich heut in Ruh'!

Die Beine wollen liegen bleiben,
man muss ja heut' nichts übertreiben.
Arbeiten wird überschätzt,
da ist man doch nur abgehetzt!

Doch die Ohren hör'n den Wecker,
ein Frühstück wäre jetzt echt lecker.
Mach die Augen langsam auf,
atme durch den Mund und schnauf.

Nützt ja auch nichts, wenn ich brumm,
heb' die Beine dann mit Schwung
aus dem Bett heraus und stehe,
einmal schütteln, und ich gehe,

rechtes Bein und linkes Bein,
schnell in meine Küche rein.
Hole Kaffee aus dem Schrank;
lange Arme, Gott sei Dank.

Brüh' ihn auf für den Genuss,
spitze meinen Mund zum Kuss.

Warm rinnt er den Hals hinunter,
macht mich langsam fit und munter.

Ein Brot dazu, das wäre fein,
mein Arm greift in den Brotkorb rein.
Ich schnapp' mir auch noch schnell ein Messer,
mit Butter schmeckt's dem Gaumen besser.

Brot und Kaffee sind im Bauch,
jetzt bin ich satt und wach wohl auch.
Drum pack' ich meine Siebensachen,
um mich zur Arbeit aufzumachen.

Die Beine tragen mich geschwind
durch die Straßen und den Wind.
Mein Po setzt sich zur Arbeit hin.
Aufsteh'n war gar nicht so schlimm.

Die Hände machen sich ans Werk,
bewältigen den Arbeitsberg.

Ein Samstag am See

Lutz zog seine Socken aus und stellte die Füße ins Gras. Ein langer Grashalm kitzelte seinen linken großen Zeh. Sogleich musste er auch mit den rechten Zehen wackeln. Seine Augen schauten in die Ferne und betrachteten die Landschaft. Vor ihm lag der große, blaue Badesee.

Lutz war heute Morgen mit seinen Klassenkameraden zum See gefahren. Das machten sie häufig am Samstag, wenn ihre Väter damit beschäftigt waren, mit fleißigen Händen ihre Autos zu waschen und zu polieren. Mit der rechten Hand wurde gewaschen, mit der linken Hand nachpoliert – so ging es den ganzen Tag. Nachdem sie einige Male zugeschaut hatten, war es den Jungs zu langweilig geworden. Seitdem haben sie schon vielen Samstage mit ihrem Gesäß auf der großen Wiese am See verbracht. Mal steckten sie ihre Nasen in die Bücher und lasen spannende Krimis, mal machten sie mit den Armen kräftige Schwimmzüge, mal ließen sie sich die Sonne auf den Rücken scheinen, und ein anderes Mal wippten sie mit den Beinen langsam auf und ab und warteten, dass ein Fisch mit seinem Maul am Angelhaken hängen blieb. Das Angeln zauberte ihnen allerdings bis dato kein Lächeln auf die Lippen.

An diesem Samstag war kein Badewetter. Dafür war es zu kalt. Trotzdem schien die Sonne den Jungs kräftig ins

Gesicht. Sie wollten das schöne Wetter nutzen, um ein paar Würstchen zu grillen und Limonade zu trinken. Limonade gab es nicht so häufig, umso größer war die Freude in den Augen der Jungs, als Peter und Frank mit zwei Flaschen Limonade in den Händen zum See kamen.

Lutz war schon dabei, den Grill anzuheizen und mit dem Mund kräftig in die Kohle zu pusten. Er unterstützte sein Vorhaben, indem er wild mit dem rechten Arm wedelte. Das Ganze sah durchaus etwas komisch aus, und Werner konnte sich ein Stirnrunzeln einfach nicht mehr verkneifen. Zu seinem Bedauern kam ein kurzes, aber bestimmtes Prusten aus seiner Brust. Lutz störte das jedoch recht wenig, er drehte sich kurz um, blickte über seine rechte Schulter, hob eine Augenbraue und drehte sich dann wieder zurück zu seinem Feuer. Kurze Zeit darauf war die Kohle angeheizt, und Lutz legte die Würstchen gekonnt mit der Grillzange in der rechten Hand auf den Grill. Werner brachte ihm ein Glas Limonade und streckte ihm seinen Arm freundschaftlich entgegen. Mit einem Lächeln auf den Lippen prosteten sie sich zu.

Peter und Frank waren unterdessen mit ihren Beinen eine Runde um den See gegangen. Mit schweren Oberschenkeln und dem Magen in den Kniekehlen hängend kamen sie zurück. Als ihre Augen erblickten, dass die Würstchen fertig gegrillt waren, legte sich ein Grinsen über ihr Gesicht, das sich bis zu den Ohren hin ausweitete.

Die Jungs machten es sich auf der Wiese bequem. Damit es ihnen nicht zu kalt wurde, legten sie sich dickes Zeitungspapier unter den Po und zogen den Reißverschluss ihrer Jacke bis unter das Kinn. So saßen sie dort gemütlich beisammen, in der rechten Hand das Limonadenglas, in der linken Hand die Bratwurst. Sie unterhielten sich über Gott und die Welt, tauschten mit Hand und Fuß Neuigkeiten aus oder schauten mit den Augen manchmal auch nur in die Ferne. So sah man ihre Rücken in der Abendsonne immer dunkler werden. Bis spät in der Nacht wärmten sie sich am Feuer, bis ihre Beine sie an jenem Samstag glücklich und auch ein wenig müde nach Hause trugen …

KÖRPERPFLEGE

Wenn ich aufgestanden bin,
lauf' ich zum Badezimmer hin.
Die Füße machen, was sie wollen
und noch nicht ganz, das was sie sollen.

Wenn ich dann vor'm Spiegel steh
und mir mein Gesicht anseh',
kneife ich die Augen zu,
frage leise: „Wer bist du?"

Erkannt hab' ich den Menschen nicht,
ist das etwas mein Gesicht?
Sag': „Dich mach ich erst mal frisch!"
Nehm' den Waschlappen und wisch'.

Als Erstes über meine Nase,
schnupper' dabei wie ein Hase,
zögere danach nicht lange
und wische über meine Wange.

Schnapp' die Bürste, kämm' das Haar,
das mal glänzender aussah.
Hol' mir Haarschaum aus dem Topf,
verteile ihn auf meinem Kopf.

„Iiieh!“ Ein bisschen kam ins Ohr,
das kommt leider manchmal vor.
Mein Haar ist dafür etwas voller.
Ich schnappe mir den Deo-Roller.

Die Achseln werden eingeschmiert
mit schönem Duft, streng limitiert.
Der Mund geht auf, doch nicht zum Gähnen,
ich widme mich nun meinen Zähnen.

Die werden nun von mir geputzt,
sind danach strahlend, nicht verschmutzt.
Wie ich hier vor dem Spiegel stehe
und mir mein Gesicht ansehe,

kneife ich die Augen zu,
freue mich, denk: „Hübsch bist du!“
Was es ausmacht, glaubt man nicht,
pflegt man ein bisschen sein Gesicht!

Nun gehe ich mit Zielen los.
Was machen meine Beine bloß?
Sie machen nicht mehr, was sie wollen,
sondern das, was sie auch sollen!

DAS CHORJUBILÄUM

Unser Chor feierte im vergangenen Sommer sein 50-jähriges Bestehen. Die Vorbereitungen liefen auf Hochtouren, schließlich musste ein großes Fest auf die Beine gestellt werden. Neben den zahlreichen fleißigen Händen, die für das leibliche Wohl der Gäste sorgen sollten, waren die Sängerinnen und Sänger seit einiger Zeit damit beschäftigt, ein angemessenes Bühnenprogramm einzustudieren.

Hoch erhobenen Hauptes und aus voller Brust wurde Woche für Woche, Abend für Abend geprobt. Mit den Liedermappen in den Händen standen sie dort im Probenraum, die Füße fest auf dem Boden, die Knie leicht in Bewegung und den Hals mit einem Tuch umwickelt. Zum großen Chorjubiläum durfte wirklich niemand krank werden!

Der große Tag rückte näher. Viele Chormitglieder spürten schon einige Zeit im Voraus aufgeregtes Herzklopfen in ihrer Brust, und im Kopf drehte sich alles nur um das eine Thema. Zum Schluss war natürlich alles perfekt und bis auf das kleinste Detail geplant und vorbereitet.

Und dann … Dann regnete es am Tag des großen Chorjubiläums! Kennen Sie das? Man plant ein großes Sommerfest, hofft inständig auf schönes Wetter, und dann schüttet es wie aus Eimern … Die ersten Sangesschwestern waren schon früh morgens auf den Beinen und liefen wie wild gewordene Hühner umher. Sie schlugen die Hände über dem Kopf zusammen und brachten Worte wie „absagen“ und „Katastrophe“ über die Lippen. Aber da half alles nichts. Es musste ein neuer Plan her. Und als alle sich erst einmal beruhigt und sich mit ihrem Gesäß auf einen Stuhl gesetzt hatten, gelang dies auch. Der Plan war noch nicht einmal an den Haaren herbeigezogen, er hatte Hand und Fuß.

Die Bühne für das große Konzert wurde von kräftigen Männern, die mit ihren Händen gut anpacken konnten, im Saal aufgebaut. Ebenso Tische und Bänke. Auch das Kuchenbuffet wurde einfach nach drinnen verlegt. Der Bierwagen wurde etwas näher zum Eingang gefahren, und der Grillmeister stand mit beiden Beinen und trockenen Hauptes unter dem Vordach des Festsaals. Als alles geschafft war, konnte man mit den Ohren sehr deutlich den einen oder anderen Stein hören, der den Verantwortlichen vom Herzen fiel.

Und es war wahrhaftig ein gelungenes Fest! Die Sängerinnen und Sänger sangen aus voller Brust, das Publikum schunkelte Arm in Arm und fühlte sich gut unterhalten. Die wenigen schiefen Töne, die aus manchem Halse daherkamen, wurden guten Willens überhört.

Zum Schluss machten einige Besucher sogar noch leichten Fußes eine Polonaise. Andere sangen die Lieder aus voller Brust mit.

Die Bratwürste schmeckten und waren in aller Munde, das Bier war eine gelungene Erfrischung für viele durstige Lippen, und das Kuchenbuffet machte die letzten noch hungrigen Bäuche rundum zufrieden.

Und dann manch einer traute seinen Augen kaum – kam nach dem Kaffeetrinken doch noch die Sonne heraus. So konnte das Abschlusslied aus kräftigem Halse draußen auf der großen Wiese gesungen werden. Alle Hände klatschten tosenden Beifall, und niemandem fielen die Gummistiefel an den Beinen der Sänger auf, die zu Bluse, Hemd und Krawatte dann doch etwas gewöhnungsbedürftig aussahen …

SUPPE KOCHEN

Ich riech' leckere Gerüche,
die Nase führt mich in die Küche.
Die Beine kennen schon den Weg,
weshalb ich nicht lang überleg'.

Schon stehen ich und meine Füße
in der heimischen Kombüse.
Doch was ist das? Es steht nix rum,
die Augen schauen etwas dumm.

Das Fenster war wohl leider offen,
von draußen kam der Duft gekrochen.
Mein Arm macht schnell das Fenster zu.
Jetzt hab' ich Hunger, und was nu?

In meinem Bauch ein Riesenloch,
da hilft nur eins: Ich glaub', ich koch'
in meinen eigenen vier Wänden
was Leck'res mit den eig'nen Händen.

So wird das Loch im Bauch gefüllt.
Vielleicht was Feines auch gegrillt?
Doch Gänsehaut an meinem Arm
Sagt: „Koch hier drin, da ist es warm!"

'ne Suppe wär doch wirklich fein.
Ich schneide das Gemüse klein.

Die Beine tragen mich zum Schrank,
dort finde ich dann, Gott sei Dank,

den alten großen Suppentopf,
die Zutaten hab ich im Kopf.
Vom Suppenfleisch ein großes Stück
hab' ich im Kühlschrank, so ein Glück.

Dann geb' ich mit der linken Hand
ein Lorbeerblatt hinein gewandt.
Die rechte Hand wirft als Volltreffer
Körner rein von schwarzem Pfeffer.

Dann heißt es warten, warten, warten.
Die Füße wandern durch den Garten.
Dann, nach zwei Stunden Wartezeit,
ist die Gaumenfreud' soweit.

Der Löffel findet schnell zum Mund.
Das ist so lecker und gesund!
Vorbei ist's mit dem Loch im Bauch,
und meine Zunge freut sich auch!

DER VERDREHTE (ARBEITS-)TAG

Geht Ihnen das auch so? Es gibt Tage, an denen läuft gar nichts, aber auch überhaupt nichts glatt! Gestern zum Beispiel: Es stand schon alles auf dem Kopf, bevor meine Beine überhaupt das Bett verlassen hatten. Mein Wecker klingelte zu spät. Oder gar nicht. Jedenfalls hatte ich das Klingeln mit den Ohren unter der Bettdecke nicht sofort gehört.

Ich stellte meinen rechten Fuß also eine volle Stunde zu spät aus dem Bett. Als ich die Uhrzeit auf meinem Wecker mit den Zeigern auf meiner Armbanduhr vergleichen wollte, bemerkte ich, dass die Uhr stehen geblieben war. Jedenfalls zeigte sie halb drei an, so lange hatte ich meine Augen bestimmt nicht geschlossen gehabt.

Ich sprang mit beiden Beinen, meinem linken Arm und meinem rechten Arm, Schultern, Kopf und beiden Füßen unter die Dusche. Nach dem Duschbad trocknete ich mir zügig den Rücken, den Bauch, die Zehen und alle anderen nassen Körperstellen ab und föhnte mir die Haare. Noch ein kurzer Blick meiner Augen in den Spiegel, und ich machte mich mit Nase, Stirn und Mund am rechten Fleck auf den Weg zur Arbeit. Ich setzte mich mit dem Gesäß ins Auto und fuhr los. Mein rechter Fuß trat nervös zwischen Bremse und Gaspedal hin und her, und ich betätigte die Hupe mit meinem Daumen öfter als gewöhnlich. Aber ich hatte Glück: Mein

Vorgesetzter saß zu dem Zeitpunkt, als meine Füße das Büro betraten, noch nicht mit seinem Gesäß im Chefsessel. Mit meiner linken Hand stellte ich die Aktentasche zur Seite, während meine rechte Hand schon den Arbeitsplatz einrichtete. Geschafft! Ich atmete tief in die Brust ein, und wieder aus. Ich setzte mich und rutschte mit dem Gesäß in die richtige Position. Und sofort fing ich mit der Arbeit an.

Mein Vorgesetzter kam mit stark gekräuselter Stirn ins Büro. Noch eine halbe Stunde später als ich. Alle schauten verwundert auf ihre Armbanduhr, ließen sich aber sonst nichts anmerken. Aus Gesprächen mit der Sekretärin hörten meine guten Ohren später heraus, dass ihn wohl das gleiche Schicksal ereilt hatte wie mich. Nur dass mich nicht alle mit großen Augen angeschaut hatten.

Dies sollte auch der einzige Glücksmoment an diesem Tag für mich gewesen sein. In der Mittagspause bemerkte ich, dass meine Hände in der Eile nicht meine Aktentasche gegriffen hatten, sondern dass sich meine Finger in den Henkeln der Einkaufstasche verirrt hatten. Ich hatte also weder ein Brot mit, dass ich mir zwischen die Zähne hätte schieben können, noch das nötige Kleingeld, um mir ein Brötchen in der Kantine zu kaufen. Mein Portemonnaie bewahrte ich an Arbeitstagen in der Aktentasche auf, um es ja nicht in der Gesäßtasche irgendeiner Anzughose zu vergessen. Ein Plan, den ich im Kopf wohl noch optimieren musste!

Das Loch in meinem Bauch wurde von Stunde zu Stunde größer. Fast minütlich schauten meine Augen auf die große Uhr an der Wand, meine Armbanduhr war ja aus bekannten Gründen zu Hause geblieben. Als es endlich Feierabend wurde, hing mir der Magen in den Kniekehlen. Meine Beine eilten in den Supermarkt, ich packte mit der linken Hand Fleisch und Kartoffeln und mit der rechten Hand Blumenkohl und eine Flasche Rotwein in den Einkaufswagen. Die war mir nach diesem Tag von Herzen gegönnt. Die Leber würde es mir am morgigen Tag erst danken. Mit meinen Armen packte ich die Waren auf das Kassenband – um beim Bezahlvorgang zu merken, dass ich ja gar kein Portemonnaie dabei hatte! – Ich musste kurz innehalten und mir stark vornehmen, nicht aus vollem Halse laut loszuschreien. Ich hob nur eine Augenbraue, holte tief Luft und entschwand schnurstracks, aber mit wackligen Beinen nach Hause.

Mit der rechten Hand schloss ich die Tür zu meiner Wohnung auf, holte mit der linken Hand mein Portemonnaie aus der Aktentasche und steckte es in meine Gesäßtasche. Ganz auf mich bedacht, um nicht aus Versehen aus der Haut zu fahren, schaute ich nach, ob ich wirklich alles Wichtige bei mir hatte. Dann machte ich mich auf den Weg zu meiner Lieblingskneipe, ließ mir etwas Ordentliches für meinen Bauch zubereiten und ließ den Tag mit einem leckeren Rotwein auf der Zunge ausklingen.

Insgeheim hoffte ich, dass meine Ohren nach diesem Rotwein am nächsten Tag den Wecker hören würden …

Sport macht Spass?

Man kann zwar gut darüber scherzen,
doch weiß ich tief in meinem Herzen
und sag es laut auch mit dem Mund:
„Sport zu machen ist gesund!“

Drum hab’ ich jetzt für mich beschlossen:
Es ist genügend Zeit verflossen!
Bauch, Bein’, Arme machen mit,
ich mache meinen Körper fit.

Gleich heute Morgen fang ich an,
die Beine halten sich schon ran
und laufen schnellen Schrittes los.
Ich streck’ die Arme, mach mich groß.

Fit werden Füße und auch Hände
im Freien auf dem Sport-Gelände.
Was noch stört, ihr seht es auch:
mein etwas zu gewölbter Bauch!

Doch ich werd’ nicht dran verzagen,
mit Übung wird nach ein paar Tagen
schon ein Erfolg zu sehen sein.
Den Bauch, den kriege ich schon klein!

Bald hopst dann auch mein kleiner Enkel
auf meinem schlank geword'nen Schenkel.
Ich starte schnell und mach mich warm,
trainiere meinen rechten Arm.

Dann ist der linke Arm schon dran,
den Rücken stärk ich auch sodann.
Nach einer Stunde ungefähr,
da merke ich, ich kann nicht mehr.

Bis jetzt hab ich doch Sport gemieden!
Die Füße geh'n, ich bin zufrieden.
Bis morgen habe ich jetzt Pause,
die Beine tragen mich nach Hause.

Dort setz ich mich mit meinem Po
auf den Stuhl und freu' mich so:
dass ich den Schweinehund bezwungen,
zum Sport mich habe durchgerungen.

Jetzt merk ich meine Arm' und Bein',
doch mein Gewissen, das ist rein.
Ich freu mich auf 'nen kleinen Bauch
und auf straffe Schenkel auch.

BEWEGUNGSGESCHICHTEN UND BEWEGUNGSGEDICHTE MIT SIGNALWÖRTERN

Die folgenden Bewegungsgeschichten und Bewegungsgedichte beinhalten je ein bis drei Signalwörter, die mit bestimmten Bewegungen verbunden sind. Wird eins der Signalwörter im Text vorgelesen, machen die Teilnehmenden die dazu passende Bewegung. Die Signalwörter und die dazugehörigen Bewegungen sind jeweils am Anfang eines Textes aufgeführt.

DER ZIRKUS IST IN DER STADT

Signalwörter:

„Zirkus“: zweimal in die Hände klatschen
„Manege“: mit dem Zeigefinger einen großen Kreis in die Luft malen
„Zelt“: mit den Händen ein Dach formen, sodass sich die Fingerspitzen berühren

Endlich ist der Zirkus wieder einmal in der Stadt. Mia und Max sind schon ganz aufgeregt. Seit sie das Plakat mit dem bunten Zelt auf dem Marktpatz gesehen haben, konnten sie den kommenden Zirkusbesuch gar nicht mehr erwarten. Mia mag die vielen Tiere, die in der Manege ihre Kunststücke vorführen. Max fasziniert der Clown, der ihn regelmäßig bei seinen Zirkusbesuchen zum Lachen bringt. „Etwas tollpatschig, aber clever, der Kerl!“, denkt Max immer, wenn der Clown mit seinen großen schwarzen Schuhen und der roten Nase durch die Manege stolpert.

Schon eine Stunde vor Beginn der Vorstellung stehen sie vor dem großen Zirkus-Zelt. In dem Kassenhäuschen sitzt noch niemand, aber ein freundlicher Mitarbeiter vom Zirkus erlaubt ihnen, durch den Eingang einen Blick auf die Manege zu erhaschen. Noch herrscht Ruhe im Zelt.

Mia und Max dürfen sich eine Zuckerstange aussuchen, das haben die Eltern ausnahmsweise erlaubt. Dann dürfen sie auch endlich das Zelt betreten, der Zirkus öffnet seine Türen. Im Inneren duftet es nach frischem Heu und Sägespänen. Mia mag diesen Geruch. Max muss sich immer erst eine Weile an den Geruch im Zelt gewöhnen, das geht aber recht schnell. Gespannt setzen die beiden sich auf ihre Plätze. Sie sitzen gar nicht so weit weg von der Manege und haben einen tollen Blick.

Das Licht im Zelt geht aus. Und wieder an. Mia und Max halten den Atem an. In der Mitte steht ein Clown im Scheinwerferlicht und stolpert quer durch das Zirkus-Zelt. Er jongliert, fällt über seinen Hund, verliert seine bunten Bälle, steht auf und stolpert über den nächsten Gegenstand, der ihm im Weg liegt. Max kugelt ich vor Lachen. Dieser Zirkus gefällt ihm!

Als Nächstes tritt ein schwarzes Pferd galant in dic Manege. In seinen Schweif und in die Mähne sind rosafarbene Bänder geflochten. Mia ist von diesem Anblick ganz verzaubert. Auf dem Rücken des Pferdes steht eine Artistin. Auch sie trägt ein rosafarbenes Kostüm. Während das Pferd durch die Manege schreitet, zeigt die Artistin ihre Kunststücke. Als die Artistin mit einem Kopfstand auf dem Pferd steht, halten alle Zuschauer im Zirkus-Zelt den Atem an. Am Ende gibt es tosenden

Beifall.

Dann geht das Licht im Zelt wieder aus. Im Dunkeln können Mia und Max Gestalten erkennen, die sich in der Manege bewegen. Sie scheinen etwas umzubauen. Nach kurzer Zeit geht das Licht wieder an. Dort, wo gerade noch der Clown und die Artistin zu sehen waren, stehen nun Holzbalken, Podeste und ein großer Reifen. Um die Manege wurden Gitter gezogen. Es ist Zeit für die wilden Tiere.

Mia und Max schauen gebannt und mit großen Augen dem Löwenbändiger zu. Als am Ende noch zwei große Tiger den Zirkus betreten, geht die Vorstellung ihrem Höhepunkt entgegen. Für Mia und Max ist dieser Moment an Spannung nicht mehr zu überbieten. Sie vergessen sogar, weiter an ihren Zuckerstangen zu lutschen, die sie vor dem Zelt gekauft hatten. Nachdem die Löwen und Tiger sich mit einem Sprung durch den Reifen aus der Manege verabschiedet haben bleibt es einen Moment ganz still. Dann folgt ein donnernder Applaus. Der Löwenbändiger verbeugt und verabschiedet sich.

Mia und Max holen einmal tief Luft. Jetzt können sie endlich weiter an ihren Zuckerstangen lutschen. Am Ende der Vorstellung kommen alle Künstler noch einmal in die Manege und lassen sich von den Zuschauern im Zelt umjubeln. Auch die Zirkus-Tiere sind dabei – Löwen und Tiger allerdings nicht. Alle Künstler zeigen noch einmal kleine Kunststücke, tanzen zur Musik und verbeugen sich.

Das Scheinwerferlicht geht aus und die Zeltbeleuchtung an. Die Zuschauer erheben sich von den Bänken und verlassen nach und nach langsam und gemächlich das Zirkus-Zelt. Jeder unterhält sich mit seinem Nachbarn über das Programm in der Manege. Mia und Max sind noch ganz verzaubert von der Vorstellung.

Am Abend, während sie schon in ihren Betten liegen, erzählen sie sich noch einmal alles, was sie an diesem Tag im Zirkus gesehen und erlebt haben …

Das Unwetter

Signalwörter:

„Donner": mit den Füßen stampfen
„Blitz": einmal in die Hände klatschen
„Regen": mit den Fingerspitzen Regentropfen imitieren, die vom Himmel fallen

Ich höre schon den Regen tropfen
und auf unser Dach drauf klopfen,
hör' den Donner draußen grollen,
glaube, Petrus will heut schmollen.

Die Sonne, sie ist nicht zu sehen.
Ach, der Regen soll doch gehen.
Sonne mag ich wirklich gern,
Regenliebe liegt mir fern.

Der Bauer denkt, es ist ein Segen,
wartet lange schon auf Regen.
Lang genug gab's Sonnenschein,
der Regen wäscht die Luft ganz rein.

Doch Donner braucht der Bauer nicht.
Sonne, schenk' uns etwas Licht.
Das Unwetter, es wird noch mehr,
sind die Wolken nicht bald leer?

Doch Petrus treibt es auf die Spitze,
schickt vom Himmel grelle Blitze!
Ob bald die Sonne wieder lacht?
Der Donner knallt, der Donner kracht.

Und man sieht am Horizont
eine graue Wolken-Front,
Blitze, die sie kurz erhellen,
runter auf die Erden schnellen.

Donner wird noch mehr geschickt,
so laut, dass man sich erschrickt.
Regen, Regen, Regen, Regen!
Will er sich denn gar nicht legen?

Doch der Höhepunkt ist da,
das Gewitter ist ganz nah.
Blitz und Donner sind so weit,
sie sind hier zur gleichen Zeit.

Und dann lässt es endlich nach!
Ob Petrus mal ein Machtwort sprach?
Der Donner, er ist nur noch leise,
der Blitz zuckt auf ’ne zarte Weise.

Der Regen hört ganz langsam auf.
Sonnenschein! Ich freu mich drauf!

COWBOY UND INDIANER

Signalwörter:

„Cowboy": fiktiv ein Lasso werfen
„Indianer": die Füße auf die Zehenspitzen stellen und „schleichen"
„Liebe": mit dem Zeigefinger ein Herz in die Luft malen

Rosi und Jochen kennen sich, seit sie Kinder waren. Ihre Liebe währt nun schon seit mehr als sechzig Jahren. Die beiden sind früher zusammen in den Kindergarten gegangen und haben sich beim Spielen kennen gelernt. Rosi war als Kind ein richtiger Wirbelwind, sie verkleidete sich gerne als Indianer und „ritt" am liebsten mit ihrem bunten Federschmuck durch die Prärie. „Etwas untypisch für ein Mädchen, dieses Cowboy-und-Indianer-Spielen. Findest du nicht?", fragten die Nachbarn Rosis Mutter. Aber ihre Mutter erwiderte immer, dass Rosi spielen könne, wozu sie Lust habe, und dass sie sich deshalb auch gerne als Indianer verkleiden dürfe.

Rosi und Jochen wissen nicht mehr, wann ihre Liebe wirklich begann. Jochen weiß aber noch ganz genau, wie ihn Rosi im Kindergarten immer für ein gemeinsames Spiel begeistern konnte. Und er spielte von Anfang an gerne mit ihr. Es half natürlich, dass Jochen sich am liebsten als Cowboy verkleidete und sie so gemeinsam durch die Prärie reiten konnten. Rosi war eben nicht wie die anderen Mädchen, sie hatte Freude daran, sich auch mal auf den Boden fallen zu lassen, im Sand zu toben oder einen Büffel zu jagen – wie ein richtiger Indianer eben!

Und ihr gefiel es auch viel besser, mit den Jungs Cowboy und Indianer zu spielen, als immer nur Puppen umzuziehen oder in der Kinderküche in Holztöpfen zu rühren. Kurzum, das Cowboy-und-Indianer-Spielen war ein starker Pfeiler, auf dem ihre Liebe aufbauen konnte. Das gemeinsame Spielen währte bis in die Anfänge ihrer Schulzeit. Auch auf dem Schulhof gab es für Cowboys und Indianer genug Platz, um ausgiebige Ausritte zu unternehmen.

Es gab allerdings zwei Jahre, in denen sie sich nur Briefe schreiben konnten, da Rosis Vater von Berufs wegen in eine andere Stadt ziehen musste und seine Familie dorthin mitnahm. Doch auch diese Zeit ihrer Liebe meisterten das Indianer-Mädchen und der Cowboy mit Bravour. Als Rosi zurückkam, waren beide auf einmal erwachsener geworden. Es dauerte ein paar Tage, bis sie sich nach der langen Zeit wieder angenähert hatten. Aber nach diesen paar Tagen bekam Rosi von Jochen ihren ersten Kuss. Ein Moment in ihrem Leben, den sie nie vergessen wird. Und auch Jochen ist heute immer noch sehr froh, dass er Rosi seine Liebe schon so früh gestand.

Die Feier zu ihrem 40. Hochzeitstag war eine Kostümfeier. Etwas außergewöhnlich, aber dafür umso schöner! Und das Thema der Kostümfeier? Natürlich „Cowboy und Indianer". Rosi und Jochen feierten ihre Rubinhochzeit, also 40 Jahre angetraute Liebe, mit über 100 Cowboys und Indianern im großen Gemeindesaal. Es wurde getanzt, gelacht und ihrer jung gebliebenen Liebe gedacht. Die Kinder zeigten Fotos von früher, und die Enkelkinder trugen Gedichte über Liebe, Cowboys und Indianer vor – selbst gedichtet, versteht sich!

Die beiden sind immer noch so glücklich wie am ersten Tag. Obwohl es gewiss auch Tage gab, die abseits des Cowboy-und-Indianer-Spielens nicht immer ganz rosig waren. Aber das gehört ja zu einer wahren Liebe auch dazu …

Hämmern, Sägen, Schrauben

Signalwörter:

„Hammer", „hämmern": mit beiden Fäusten auf die Oberschenkel patschen
„Säge", „sägen": erst mit der rechten Hand, dann mit der linken Hand eine Sägebewegung vor dem Oberkörper durchführen
„Schraube", „schrauben": die Unterarme vor dem Oberkörper umeinanderkreisen lassen (wie beim Wickeln von Wolle)

Der Heini hat in seiner Kammer:
Säge, Schrauben und auch Hammer.
Werkzeug ist sein Lebenssinn,
er kriegt jeden Auftrag hin.

Schrauben, Hämmern, Sägen,
das Anbring'n von Beschlägen,
das ist Heinis ganze Welt,
da gibt's nichts mehr, was ihn hält.

Mit der Säge sägt er Holz,
ist auf jedes Brett sehr stolz.
Mit dem Hammer schlägt er munter
jeden Nagel ganz hinunter.

Und auch schrauben kann er gut,
was er auch sehr häufig tut.
Jeder Auftrag ist ihm recht,
er hämmert besser als ein Specht!

Ein Gartenhaus ist heute dran.
Heini fängt mit Sägen an.
Jedes Brett, das misst er aus,
sägt's zurecht fürs Gartenhaus.

Die Schrauben liegen schon bereit,
doch das Sägen kostet Zeit.
Dann sind die Schrauben an der Reih',
jedes Brett kriegt mehr als drei.

Flugs wird jedes Brett fixiert,
mit dem Hammer malträtiert.
„Mist!", denkt der Heini. „Doch zu lang!"
Da ist die Säge wieder dran.

So geht es weiter, Stund' um Stunde:
Hämmern, Schrauben, Rund' um Runde.
Mit einem neuen Schraubensatz
findet jedes Brett 'nen Platz.

Fertig ist das Gartenhaus.
Wunderschön, so sieht es aus!
Es sitzt an dieser schönen Laube
wirklich jede einzelne Schraube.

Jetzt komm'n Säge, Schrauben, Hammer
zurück in Heinis Werkzeugkammer.

Ein Wintertraum

Signalwörter:

„Winter": fiktiv eine Mütze aufsetzen
„Schnee": mit den Fingern Schneeflocken imitieren, die vom Himmel fallen
„weiß": je einmal das rechte und das linke Bein ausstrecken

Den Winter mochte Justus besonders gern. Er spielte am liebsten draußen, warm eingepackt in Jacke, Schal und Mütze, und atmete die kalte Winterluft. Mal beobachtete er die weiß-gräulichen Wolken, die am Himmel vorbeizogen, mal ging er im Garten über das gefrorene Gras, das unter seinen Füßen so schön knirschte.

Am liebsten hatte er es, wenn im Winter Schnee lag. In den letzten Jahren war auch immer Schnee gefallen, nur in diesem Jahr ließ der Schnee schon lange auf sich warten. Und weit und breit waren keine weißen Schneeflocken in Sicht. Fast täglich beschwerte sich Justus bei seiner Mutter über den fehlenden Schnee und erkundigte sich nach dem Wetterbericht. Und jedes Mal, wenn die Mama ihrem Sohn in die traurigen blauen Augen schaute, tat ihr kleiner Justus ihr ein wenig mehr leid. Aber es war in jenem Winter einfach zu warm für die weiße Pracht.

Sie versuchte Justus mit allen Mitteln abzulenken. Sie spielten Fußball, bastelten kleine Laternen für sein Zimmer und backten viele, viele Plätzchen. Sowohl die Laternen als auch die Plätzchen hatten alle die Form von weißen Schneeflocken. Sie brachten wenigstens ein kleines Lächeln in Justus' enttäuschtes Gesicht.

Nachdem die Weihnachtsmärkte in diesem Winter eröffnet hatten, gingen sie fast jeden Tag dorthin, aßen gebrannte Mandeln und schauten sich die große Pyramide an. Ein Stand hatte es Justus besonders angetan: Dort war ein kleines Winterdorf aufgebaut. In den Häusern brannte Licht, auf ihren Dächern lag Schnee, und rundherum fuhr eine Eisenbahn. Justus konnte dort stundenlang verweilen und sich die Häuser mit den vielen kleinen liebevollen Details anschauen. In dem Winterdorf fegte ein Mann gerade Schnee vom weiß gepuderten Gehsteig. In einer anderen Szene fütterte eine Frau auf ihrer Veranda gerade ein Kätzchen, das kleine Pfoten-Abdrücke im Schnee hinterlassen hatte. An einer Straßenecke saß ein Mann auf seinem Hinterteil – anscheinend war er auf dem weißen glatten Bürgersteig ausgerutscht. Und in Justus' Lieblingsszene machten vier Kinder eine große Schneeballschlacht, sodass das weiße Pulver um sie herum nur so aufgewirbelt wurde. Nachts träumte er davon, auch eine Figur in diesem Dorf zu sein: Er half beim Schneeschieben, streichelte die kleine Katze und warf weiße Schneebälle, bis ihm die Puste ausging …

Die Weihnachtszeit rückte näher, und es hatte immer noch nicht geschneit. Ein Winter ohne Schnee, konnte das wirklich möglich sein? Justus hatte sich langsam mit dem Gedanken abgefunden, dass es in diesem Jahr keine weiße Weihnacht geben sollte. Immerhin lag ja Schnee in dem kleinen Dorf, das er regelmäßig besuchen konnte.

Am Heiligen Abend fand er im letzten Päckchen seines Adventskalenders eine Glasmurmel, in die eine Schneeflocke eingeschlossen war. Sie war wunderschön. Justus hielt sie den ganzen Tag in seiner Hand oder trug sie in seiner Hosentasche mit sich herum. Immer wieder betrachtete er den weißen, glitzernden Eiskristall und freute sich, dass er nun seine eigene Schneeflocke hatte, die er überallhin mitnehmen konnte. Justus war zufrieden!

Am späten Nachmittag ging die ganze Familie in den Weihnachtsgottesdienst. Mit der Schneeflocken-Glasmurmel in der Hand schaute sich Justus das Krippenspiel an, lauschte der Weihnachtsgeschichte und sang die schönsten Weihnachtslieder. Er dachte an den Weihnachtsbaum zu Hause und überlegte, wie er wohl in diesem Jahr geschmückt sein würde.

Als sie nach dem Gottesdienst in der frischen Winterluft noch mit anderen Familien gemütlich beisammenstanden, spürte Justus auf einmal etwas Kaltes in seinem Nacken. Als er sich umdrehte, sah er jedoch niemanden. Und da, schon wieder, und noch einmal. Als hinter ihm wieder niemand stand, schaute Justus nach oben …

Schneeflocken. Es schneite! Und es folgten immer mehr weiße Flocken. Justus konnte sein Glück kaum fassen. Bis sie zu Hause ankamen, waren die Straßen schon weiß gepudert. Justus hatte nur noch Augen für den Schnee. Das war *sein* Weihnachtsgeschenk. Das schönste, das er seit langem bekommen hatte …

APPLAUS, APPLAUS

Signalwörter:

„klatschen": es wird dreimal in die Hände geklatscht
„Applaus": es wird applaudiert (vielfach schnell in die Hände geklatscht)

Der Zirkus ist heut' in der Stadt
und freut sich, dass er Gäste hat.
Besuchen tut ihn auch der Klaus
und spendet gerne dort Applaus.

Als Erstes tritt der Clown ins Zelt,
die Leute klatschen, wie bestellt.
Er trägt 'ne schöne rote Nase,
hoppelt rum wie'n kleiner Hase,

klatscht wie ein Seehund mit der Flosse,
lacht und tanzt nun, der Genosse.
Dann ist der Löwe an der Reihe,
man klatscht zwar, doch man hört auch Schreie.

Da fürchtet sich wohl einer sehr!
Doch Applaus hört man doch mehr.
Der Dompteur klatscht und ruft: „Spring!"
Da hüpft das Tier durch den Feuerring.

Die Leute klatschen laut im Stehen,
wollen noch mehr davon sehen.
Doch nun ist erst der Seiltanz dran,
die Menge hält den Atem an …

… um dann mit Klatschen zu bekunden,
dass sie haben schöne Stunden.
Der Applaus ist nicht verpufft,
da fliegen Bälle durch die Luft.

Der Jongleur ist wirklich gut,
die Menge macht mit Klatschen Mut
und feuert mit Applaus noch an,
er zeigt so, was er alles kann.

Dann ist die Vorstellung vorbei.
Es wird geklatscht bis kurz vor drei.
Doch dann muss der Applaus mal enden,
Klaus geht sonst mit wunden Händen.

Freut ihn etwas noch so sehr,
klatschen tut er heut nicht mehr.
Für heute ist es aus
mit tobendem Applaus.

Still geht der Klaus und freut sich noch:
Zum Zirkus gehen lohnt sich doch!

PAULS FAHRRAD

Signalwort:

„Fahrrad": mit den Armen die typische Tretbewegung beim Fahrradfahren imitieren; ganz fitte Gruppen fahren im Sitzen fiktiv Fahrrad; dabei halten die Hände den „Lenker" fest, und die Füße treten in die Pedale.

Pauls Fahrrad war nicht mehr das Neuste. Aber es fuhr. Es hatte zwei Räder, einen Lenker, Bremsen, Licht, drei Gänge und eine Klingel. Von dem ganzen neuen Schnickschnack hielt Paul überhaupt nichts. Er war ein erfahrener Fahrradfahrer, er brauchte keine Gangschaltung mit 21 Gängen oder gar einen „Fahrradcomputer". Was sollte er auf einem Fahrrad schon tun, außer Fahrrad zu fahren, ab und an zu bremsen oder Autofahrer zu beschimpfen, die zu nah an ihm vorbeifuhren?!

Annelie hatte ein solch modernes Fahrrad mit viel Schnickschnack. Annelie war Pauls Frau. Annelie nannte ihr Fahrrad immer „Damenfahrrad". Es war dunkelrot, hatte vorne einen farblich passenden Fahrradkorb und hinten eine Tasche auf dem Gepäckträger – „für Gepäck", sagte sie immer. Paul fragte sich stets, wie viel Gepäck seine Frau denn wohl dabeihaben wollte und wo sie mit ihrem Gepäck hinfahren würde. Zu ihren Kaffeekränzchen bei den Nachbarn oder den

Freundinnen aus dem Kegelclub gewiss nicht. Sei's drum – so sehr interessierte es ihn auch wieder nicht. Er hatte Annelie den Wunsch nach einem modernen Fahrrad erfüllt, weil er sich dadurch friedvolle Fahrradtouren erhoffte. Die hatte er auch. Bis der Italienurlaub kam …

Annelie und Paul hatten schon lange einen Italienurlaub geplant. Nachdem Annelie nun eine moderne Fahrradfahrerin mit einem modernen Fahrrad war, hatte sie die Idee, die Fahrräder nach Italien mitzunehmen. Paul überlegte kurz, sah seine Frau an und bemerkte in freundlichen Worten, dass Italien doch ein Land sei, das hin und wieder „Hügel" aufweise, besonders im Norden in der Nähe der Alpen. Annelie wiederum überlegte auch kurz und erwiderte, dass sie mit ihrem modernen „Damenfahrrad" doch bestens für solche Strecken ausgerüstet sei. Und sie fügte hinzu, dass sie allerdings nicht ganz sicher sei, ob Paul die Strecken mit seinem „konventionellen" fahrbaren Untersatz, den er Fahrrad nenne, bewältigen könne. Paul holte tief Luft, hielt dann aber inne und dachte, es sei besser zu schweigen. Es kam, wie es kommen musste …

Es wurde Sommer. Die Reise begann. Annelie und Paul hatten den langen Weg nach Italien mit dem Auto geschafft und waren wohlgelaunt in ihrem Ferienhaus angekommen. Das „Damenfahrrad“ und das „konventionelle Fahrrad“ waren am Dachträger befestigt gewesen. Gerade angekommen, plante Annelie die erste Fahrradtour. Am nächsten Morgen sollte es losgehen.

Paul packte eine Trinkflasche, eine Regenjacke und eine Wechselhose in einen Beutel und spannte ihn auf den Gepäckträger seines Fahrrads. Annelie hatte ihren Fahrradkorb und zusätzlich die Tasche auf ihrem Gepäckträger bepackt. *Voll* bepackt. Paul runzelte kurz die Stirn, sagte aber wieder nichts. Die Fahrradtour begann.

Schon bei der ersten Serpentine mussten beide kräftig treten und kamen schnell aus der Puste. Paul kam mit den drei Gängen an seinem Fahrrad ganz gut zurecht – wenn er gleichmäßig trampelte. Annelie schaltete von einem Gang zum anderen, es waren 21 … Da sie beim Schalten aber immer auf ihren Fahrradlenker schaute und das Schalten ihr den Schwung aus der Fahrt nahm, hatte sie Mühe weiterzukommen. Sie blieb oft mit ihrem Fahrrad stehen. Paul stoppte sein Fahrrad dann natürlich auch. Als sie den ersten Berg bezwungen hatten, waren beide geschafft und, nett formuliert, „ziemlich dünnhäutig“. Annelie meckerte über ihre Gangschaltung und dass das Gepäck ihr „Damenfahrrad“ viel zu sehr belaste. Paul nahm Annelies Gepäck auf sein Fahrrad, untersuchte die Gangschaltung auf ihre Funktion, bemerkte, dass mit Annelies Fahrrad alles in Ordnung sei, und fuhr weiter.

Die Abfahrt ging schnell, und beide waren wieder besserer Laune. Sie genossen die Aussicht und den Wind, der ihnen auf ihrem Fahrrad um die Nase wehte. Dann sprang die Kette von Annelies Fahrrad ab. Paul reparierte das Fahrrad und fuhr daraufhin mit ölverschmierten Händen weiter. Der nächste Berg wurde nicht besser! Annelie kam weiterhin nicht mit den Gängen an ihrem Fahrrad zurecht, und Paul hatte Mühe, nun auch noch Annelies Gepäck auf seinem Fahrrad den Berg hochzustrampeln. Außerdem war er von oben bis unten mit Öl verschmiert, da er sich mit den öligen Händen stets den Schweiß von der Stirn wischte.

In einer Kurve, in der sie mit dem „Damenfahrrad" und dem „konventionellen Fahrrad" mal wieder pausierten, entdeckten sie ein verlockendes hübsches Restaurant. Annelie und Paul schauten sich an, stellten jeder sein Fahrrad ab und setzten sich an einen freien Tisch auf der Terrasse. Lange saßen sie dort, schwiegen und genossen die Aussicht. Hier waren sie sich überraschend einig!

Essen und Trinken waren vorzüglich! Dieses kleine Restaurant wurde ihr Lieblingsplatz in diesem Urlaub. Noch viele Male kamen sie dorthin, tranken Espresso und Wein, aßen Spezialitäten des Hauses und bewunderten dic Aussicht.

Wie sie dorthin kamen? Mit dem Auto! Und sie hatten die glücklichsten Tage seit Langem …

WASCHTAG

Signalwörter:

„waschen", „Wäsche": fiktiv Wäsche vor dem Oberkörper durchkneten
„trocknen", „trocken": fiktiv Wäsche auf eine Leine hängen
„bügeln": ein fiktives Bügeleisen vor dem Körper hin- und herführen

Nicht jeder wäscht die Wäsche gern,
nicht in Basel, nicht in Bern.
Trocknen, bügeln, doofer Zwang,
mancher fängt erst gar nicht an.

Manch and'rer wäscht tatsächlich gern,
in deiner Stadt und in der Fern.
So ein Mensch ist Antje auch,
für sie ist's nicht nur läst'ger Brauch.

Kleidung, Wäsche, Antje liebt sie.
Pflegt sie ohne viel Chemie.
Sie riecht frische Wäsche gern,
kleidet sich auch sehr modern.

Rotweinflecken, Dreck vom Gras,
Waschen macht der Antje Spaß.
Sie macht gerne alles reine,
trocknet es dann auf der Leine.

Bügeln mag sie aber nicht,
Bügeln ist ’ne dumme Pflicht.
Doch bei Blusen muss es sein,
Waschen macht sie halt nur rein.

Waschtag hat die Antje heute,
Waschen für die ganze Meute.
Als Erstes wird gut durchsortiert,
damit den Farben nichts passiert.

In der Maschine wird gespült,
die Wäsche kräftig durchmassiert.
Antje hängt zum Trocknen auf,
sie kommt auf die Leine rauf.

Ist das Trocknen mal beendet,
wird keine weit’re Zeit verschwendet.
Gebügelt werden muss nun doch,
nicht zu heiß, sonst gibt’s ein Loch.

Die Wäsche ist nun fein,
und Antje räumt sie ein.
Gebügelt und auch trocken,
vom Hemd bis zu den Socken.

BEWEGUNGSGESCHICHTEN UND BEWEGUNGSGEDICHTE MIT EINEM SCHWUNGTUCH

Für diese Bewegungsgeschichten und Bewegungsgedichte benötigen Sie ein Schwungtuch und bis zu zehn Bälle. Die Größe des Schwungtuchs wählen Sie anhand der Teilnehmerzahl. Aus Bettlaken oder großen Tischdecken lassen sich auch ganz einfach Schwungtücher selber herstellen. Diese können mit Stoffmalfarben individuell gestaltet werden. Wer möchte, näht Schlaufen an den Rand – fertig ist das selbst gemachte Schwungtuch.

EIN HERBSTSPAZIERGANG

In dieser Bewegungsgeschichte werden die Bewegungen des Windes, der Blätter etc. mit dem Schwungtuch imitiert oder nachempfunden. Das Schwungtuch wird entsprechend langsam oder schnell, in großen oder kleinen Bewegungen auf- und abgeschwungen.

Die Hinweise in Klammern werden nicht vorgelesen.

Im letzten Jahr war es Ende Oktober sehr herbstlich. In den Wochen zuvor waren die Blätter noch ganz gleichmäßig und sacht *[das Schwungtuch langsam auf und ab bewegen]* gefallen, eins nach dem anderen, von den Zweigen hinunter. Der Wind wurde langsam kräftiger, aber nicht stürmisch. Auch die Luft wurde kälter und frischer, fühlte sich auf den Wangen aber noch angenehm sanft an.

Dann kam plötzlich der erste Herbststurm des Jahres auf. Der Wind rüttelte kräftig an den Zweigen, und die Blätter wurden auf einmal im hohen Bogen fortgeweht. Die Bäume standen danach ganz kahl und still in der Landschaft herum – ja, es war Herbst geworden. Dafür war der Wald nach dem großen kräftigen Herbststurm mit einem bunten Blätterteppich übersät. Beim Waldspaziergang ein paar Tage später raschelten die Blätter ganz gleichmäßig unter den Füßen, und man spürte eine tiefe, ausgeglichene Ruhe im Wald.

In diesem Jahr lässt der laute, stürmische Wind noch auf sich warten. Trotzdem ist der Waldboden schon mit einem gleichmäßigen, bunten Blätterteppich übersät. Während man so gemütlich durch den Wald schlendert, ist es ganz komisch, wenn auf einmal *[das Schwungtuch schnell nach oben bewegen und kurz halten]* eine Kastanie oder eine Buchecker auf den Boden fällt *[Schwungtuch rasch senken]*. Man erschrickt bei der Stille sogar manchmal, wenn die Kastanien eins – zwei – drei *[das Schwungtuch dreimal hintereinander kräftig nach oben schwingen und wider sinken lassen]* plötzlich auf den Boden fallen. Dann ist es für eine Weile wieder ganz ruhig.

Ein Stück weiter huscht unerwartet ein keckes Eichhörnchen über den Weg. Flink und wendig läuft es von einem Baum herunter, ein Stück über den Waldboden und bei der nächsten Gelegenheit einen anderen Baum hinauf. Dabei schaut es sich immer wieder ganz nervös um, ob auch keine Gefahr lauert. Ich bleibe ganz still stehen und schaue ihm zu. Nach einer Weile ist es nicht mehr zu sehen. Der Wald ist wieder ganz ruhig, einige Zweige wiegen sich sacht im Wind.

Ich gehe weiter durch das Laub, das wie zuvor gleichmäßig unter meinen Füßen raschelt. Ich atme die frische Herbstluft – ich atme ein *[hoch]* – und aus *[runter]* – und ein – und aus – und wieder ein – und aus.

Die Luft ist erfrischend. Besonders jetzt, da die Tage kürzer werden, gehe ich gerne hinaus in den Wald und lasse den Dingen ihren Lauf.

Am Ende meines Spaziergangs gehe ich immer etwas schneller und beschwingter. Ich schaue mir noch einmal die bunten Blätter an, die sich gleichmäßig im Wind wiegenden Zweige und höre auf das raschelnde Laub.

Zu Hause angekommen, setze ich Wasser für einen frischen Tee auf. Ich gebe drei Löffel Tee in das Teesieb – eins – zwei – drei – *[das Schwungtuch dreimal hintereinander kräftig nach oben schwingen]* und lausche dann dem Wasser, das sich immer schneller im Kessel bewegt und schließlich ganz aufgeregt brodelt. Ich lasse es eine Weile so vor sich hin kochen und gieße dann ganz vorsichtig den Tee auf. Dann setze ich mich mit dem heißen Tee in meinen Sessel, lege mir eine Decke über die Knie und schaue zufrieden hinaus ins Weite …

Ich mag den Herbst!

Wäsche im Wind

Bei diesem Gedicht werden die genannten „Bewegungen" der Wäsche und des Windes mit dem Schwungtuch imitiert. Am Ende der Geschichte lassen alle Teilnehmer das Schwungtuch los und lassen es in den Raum „fliegen".

Die Wäsche von Marie, wie dumm,
liegt nass und still im Korb herum.
So trocknet sie doch nie,
was macht denn nur Marie?

Schließlich hängt Marie alleine
ihre Wäsche auf die Leine.
Es bläst ein leichter, sanfter Wind,
die Wäsche trocknet so bestimmt.

Sie schwingt mal hoch und mal zurück,
Marie hat mit dem Wetter Glück.
Ganz gemütlich schwingt der Stoff,
der Wind ist sacht und nicht zu schroff.

Die Wäsche hängt und hängt und schwingt,
Marie, sie freut sich und sie singt.
Dann legt der Wind doch etwas zu,
die Wäsche trocknet wohl im Nu.

Sie schwingt nach oben froh und munter
und ganz langsam wieder runter.

Marie sieht ihr beim Trocknen zu
und lässt die Wäsche ganz in Ruh'.

Der Wind wird noch mal etwas mehr,
die Wäsche schwingt inzwischen sehr.
Ganz schnell nach oben und hinab,
noch fällt die Wäsche nicht herab.

Nun bläht die Wäsche sich im Wind,
schaukelt höher als ein Kind.
Kommt dann im schnellen Fall nach unten.
Die Socken, auch die kunterbunten,

wirbeln kräftig hin und her.
Hängen bleiben fällt nun schwer.
Die Wäsche hält sich mühsam fest,
doch dann gibt ihr der Wind den Rest.

Sie bläht sich noch mal kräftig auf.
Dann nimmt das Schicksal seinen Lauf:
Die Klammern halten sie jetzt nicht,
die Wäsche fliegt ins Sonnenlicht.

Marie, sie sammelt alles ein
und holt die ganze Wäsche rein!

DAS SPORTFEST

Bei dieser Geschichte werden die im Text beschriebenen Bewegungen mit dem Schwungtuch imitiert oder nachempfunden. Dabei wird das Schwungtuch auf die angedeutete Art und auf und ab bewegt.

Sportfest! Nicht gerade Mannis liebstes Fest im Schuljahr. Weitsprung, Dauerlauf, 100-Meter-Lauf und Weitwurf … von diesen Disziplinen stand keine auf der Liste der Dinge, die Manni einigermaßen gut konnte. Von Gernemachen war sowieso keine Rede.

Mit gesenktem Kopf und trüber Miene trottete er *[Schwungtuch langsam auf und ab schwingen]* morgens zum Sportplatz. Bei dem Gedanken an diese Veranstaltung hatte ihm schon das Frühstück nicht richtig geschmeckt. Nun hatte er Hunger, schlechte Laune und noch mal schlechte Laune. Schon von Weitem hörte er die Pistole für das Startzeichen: „Peng!“ *[Schwungtuch schnell nach oben bewegen]* Und noch mal: „Peng!“ „Das wird wohl ein Fehlstart gewesen sein“, dachte er sich. Dann sah er die beiden Läufer, die in Windeseile über die Bahn ins Ziel einliefen, einer schneller als der andere. Der Sieger hüpfte ganz aufgeregt herum.

Das zu sehen war für Manni auch kein Anlass zur Freude. Mit langsamen Schritten kam er auf dem Sportplatz an. Er seufzte tief *[Schwungtuch langsam nach un-*

ten bewegen]. Lediglich seine Klassenkameraden Gustav und Stefan konnten ihm bei der Begrüßung ein kleines Lächeln abringen. Nachdem sie sich einige Minuten unterhalten hatten, hörte Manni auf einmal seinen Namen. Es durchfuhr ihn wie ein Blitz *[Schwungtuch schnell nach oben bewegen].* Und dann dachte er sich: „Ach, was soll's. Dabeisein ist alles." Doch so richtig glauben konnte er sich selbst nicht.

Manni machte sich auf den Weg zur 100-Meter-Bahn. Um sich nicht so ganz fehl am Platze vorzukommen, legte er einen Gang zu und joggte zur Startlinie. Als er dort ankam, war er allerdings schon leicht aus der Puste. Während sich sein Mitläufer umzog, hatte er noch Zeit, um kurz zu verschnaufen. Er hüpfte dreimal auf und ab – eins, zwei, drei – so machten es die Läufer bei Olympia im Fernsehen schließlich auch! Als er den Startschuss hörte, lief er los. So schnell er konnte, rannte er über die Bahn – und kam als Erster ins Ziel! Manni konnte es kaum fassen. Er riss die Arme hoch und lief vor Freude noch eine ganze Runde über den Platz. Die hochgezogenen Augenbrauen einiger seiner Mitschüler übersah er gekonnt. Manni war in Form.

Mit neuem Schwung schleuderte er den Ball beim Weitwurf im hohen Bogen geradeaus. „Kein Weltrekord, aber nicht schlecht!", dachte er sich. Seine Freunde waren ganz überrascht, dass Manni in der Trinkpause so guter Laune war. Das hatte vor einer Stunde ja noch ganz anders ausgesehen!

Und auch im Dauerlauf konnte er mithalten. Gegen Ende zog er das Tempo kräftig an. Er spurtete los und eins – zwei – drei *[Schwungtuch dreimal kräftig hoch- und wieder runterschwingen]*, schon erreichte er das Ziel!

Manni stand auf dem Sportplatz und schaute von oben bis unten an sich herunter. Was war nur im letzten Jahr mit ihm passiert? Wie wurde nur aus dem Jungen, der immer bequem durch die Weltgeschichte bummelte, ein so schneller Läufer? Er konnte es nicht sagen, fühlte sich aber so gut wie lange nicht mehr. Lediglich bei der letzten Disziplin, beim Weitsprung, hatte er kein Glück. Er rutschte in hohem Bogen aus und setzte sich auf dem Absprungbrett aufs Hinterteil *[das Schwungtuch schnell nach unten bewegen]*. Ganze zweimal *[Wiederholung: hoch und wieder nach unten]*.

Das konnte seine gute Laune aber nicht trüben. Als Manni das erste Mal nach dem Sportfest nicht nur eine Teilnehmerurkunde überreicht bekam, war er der glücklichste Junge auf Erden. Für die Ehrenurkunde hatte es nicht gereicht. Aber er bekam eine Siegerurkunde. Und als Manni die erste Siegerurkunde seines Lebens in den Händen hielt, drehte er vor Freude noch eine Runde um den Sportplatz und sprintete dann froh und munter nach Hause. Jetzt hatte er aber wirklich Hunger!

DER APFELBAUM

Bei diesem Bewegungsgedicht werden außer dem Schwungtuch auch noch 10 Bälle benötigt (wenn weniger Bälle vorhanden sind, kann das Gedicht einfach gekürzt werden). Die Bälle sollen die Äpfel aus dem Gedicht darstellen. Während des Vorlesens wird das Schwungtuch leicht bewegt, sodass die Bälle hin- und herrollen. Immer wenn im Gedicht ein Apfel gepflückt wird, müssen die Teilnehmer versuchen, genau einen Ball von dem Schwungtuch zu befördern. Wenn einmal ein Ball zu viel das Schwungtuch verlässt, wirft die Gruppenleitung ihn wieder auf das Schwungtuch hinauf.

Endlich ist es an der Zeit,
und die Äpfel sind so weit:
Sie sind reif, man glaubt es kaum,
alle Äpfel an dem Baum.

Doch wie komm'n die Äpfel nun
vom Baum herab, was ist zu tun?
Der erste fällt ganz munter
von allein herunter.

Nach der Schule kriegt Marie
Appetit wie sonst wohl nie.
Pflückt ganz schnell, ihr glaubt es kaum,
den zweiten Apfel von dem Baum.

Vorbei kommt auch Herr Maier
auf dem Weg zum Weiher,
denkt sich: „Äpfel sind gesund!“,
nimmt den dritten in den Mund.

Auch für Holger und für Klaus
gibt es einen Apfelschmaus:
Sie nehmen Apfel fünf und vier,
verspeisen sie gleich jetzt und hier.

Der sechste Apfel schwingt im Wind,
er fällt, und schnell kommt auch ein Kind,
das ihn isst und fröhlich lacht.
Wir schauen, was der siebte macht:

Er hängt gemütlich an dem Ast,
dem Ast wird er schon bald zur Last.
Er schmeißt den Apfel auf die Wiese,
von dort holt ihn sich unsre Liese.

Dann kommt Frau Mai und ist entzückt,
weil sie sich einen Apfel pflückt,
und ihr schmeckt die Nummer acht.
Weshalb sie es gleich noch mal macht:

Sie nimmt sich, ohne sich zu scheu’n,
auch noch Apfel Nummer neun,

und vor dem Nachhausegeh’n
nimmt sie auch noch Nummer zehn.

Drei Äpfel aß nun die Frau Mai
und dacht’ sich weiter nichts dabei.
Jetzt gibt es keine Äpfel mehr,
und unser Apfelbaum ist leer.